THE CEO
부자의 비밀노트

THE CEO
부자의 비밀노트

초판1쇄 발행 2024년 12월 2일

지은이 이재훈
펴낸이 이재훈(李在勳)
펴낸곳 씨이오미디어(CEO MEDIA)

등록 제 2024 - 000038호
주소 경기도 고양시 덕양구 향동로 128 DMC스타비즈 4블럭 1533호(향동동)

편집부 Tel 02)383-1025 / **Fax** 02)383-1026
디자인 여현미

홈페이지 www.ceomagazine.co.kr
E-mail karma1503@naver.com
블로그 https://blog.naver.com/karma1503
페이스북 www.facebook.com/ceonewsking
인스타그램 www.instagram.com/@ceo_news
씨이오뉴스 TV www.youtube.com/@ceonewstv5022

ISBN 979-11-989846-0-9

- ■ 책값은 표지 뒷면에 표기되어 있습니다.
- ■ 잘못된 책은 구입하신 서점에서 바꿔드립니다.
- ■ 이 책 내용의 전부 또는 일부를 재사용하려면 반드시 저작권자와 씨이오미디어의 동의를 받아야 합니다.

프롤로그

성공은
준비와 기회가
만나는 곳에 있다

"Success is where preparation and opportunity meet!"

나는 이 말을 무척 좋아한다. 미국의 유명한 자동차 경주 선수였던 바비 언서(Bobby Unser, 1934년~2021년)가 한 말인데, 우리말로 옮기면, **"성공은 준비와 기회가 만나는 곳에 있다"** 이다.

자동차 레이서의 로맨스를 다룬 영화 〈영광이여, 영원히(WINNING, 1969)〉에 출연한 배우기도 한 바비 언서는 전설적인 자동차 경주 대회 '인디애나폴리스 500'에서 세 차례나 우승을 거머쥔 영웅이다.

그의 이 같은 성공은 어느 날 갑자기 행운처럼 다가온 게 아니다. 자동차 레이서 가문에서 태어나 어려서부터 자동차 레이서의 꿈을 키우며 준비했다. 그는 준비된 레이서답게 출전한 대회마다 우승하기 시작했다. 그러면서 그는 더 큰 대회에 나가는 기회를 만들었다. 이렇게 그는 '준비'와 '기회'라는 둘의 케미(화학적 결합)를 창출하며 '성공'이란 커리어를 화려하게 장식했다.

나도 어쩌면 바비 언서처럼 '준비'된 CEO라고 감히 말할 수 있다. 2003년에 CEO 전문잡지 〈CEONEWS〉에 들어가 기자 생활을 시작하여 차장, 부장, 부국장, 국장을 거치면서 'CEO 전문기자'가 되었다. 지난 20여 년 동안 나는 그 누구보다 많이 우리나라의 내로라하는 CEO들을 만나 인터뷰했고, 취재했고, 공부했다.

나는 '불혹'이라 하는 나이 마흔에 미친 듯이 책을 읽기 시작했다. 어떤 유혹에도 미혹되지 않기 위한 발버둥이었다.

그 무렵은 캠핑문화가 대세를 이루고 있던 때였다. 감옥살이 같은 도시 생활에서 벗어나 삼삼오오 힐링을 찾아 자연으로 떠났다. 나도 그랬다. 도심에서 벗어나 자연과 마주한다는 설렘을 포기할 수 없었다.

그때 나에겐 여느 캠핑족과 다른 준비물이 있었다. 책이었다. 책은 나의 분신이자 애인이었다. 캠핑도 독서도 둘 다 포기할 수 없었던 나는 둘의 케미를 만들었던 거다. 텐트 안에서든 캠핑 의자에 앉아서든 닥치는 대로 책을 읽고 또 읽었다. 자연이 선사하는 음이온의 공기가 머리를 맑게 해주었고, 물과 바람과 새소리가 어우러진 천상의 오케스트라가 잔잔한 배경음악이 되었다. 나는 작가와 단둘이 나누는 의식의 교류에 마냥 행복했었다.

나는 사고의 확장이 시작된 그때를 생각하면 만학의 즐거움을 제대로 누렸던 걸로 회상된다. 그때 나는 다짐했었다. 평생 배움의 길을 걸어갈 것이며, 불치하문(不恥下問)의 자세로 지식을 탐구할 것이라고.

평생 공부의 가장 좋은 길라잡이는 당연히 독서다. 사람은 책을 만들고 책이 다시 사람을 만든다고 하지 않은가. 이게 진리다. 인생 역전하려면 로또를 사지 말고 그 돈으로 한 권의 책을 사라고 말하고 싶다. 그 책이 당신이 그토록 원했던 인생사 퀀텀 리프(quantum leap, 큰 도약)를 실현해 줄 것이다. 부자들의 성공비법 제1원칙이 독서라는 사실이 이를 입증한다.

아무튼 이런 준비된 나에게 '기회'가 찾아왔다. 현장을 누비며 기사로 지면을 화려하게 장식했던 내게 〈CEONEWS〉를 인수할 기회가 온 거다. 그렇게 나는 평기자에서 시작해 지금은 〈CEONEWS〉 발행인 겸 CEO이다. 물론 아직도 현장을 놓지 못해 대표 기자 명함을 갖고 평기자처럼 발로 뛴다.

내 인생의 터닝 포인트는 세 가지다. 그 첫째가 2017년 〈CEONEWS〉의 CEO가 된 것이고, 둘째가 2020년에 시작한 금주, 셋째가 2023년에 철인이 된 거다.

내 나이 마흔셋이던 2017년 1월 2일 은평구청에서 〈CEONEWS〉의 개인사업자 등록증을 손에 쥔 날 만감이 교차했다. CEO 전문기자에서 'CEO'가 된 그날의 희열과 두려움 그리고 책임감이 지금도 생생하다.

2020년 5월 15일, 이날 나는 ㈜씨앤씨미디어그룹으로 법인전환을 기념하기 위해 참자아에게 말을 걸었다.

"이재훈~ 이제 술 마실만큼 마셨잖아! 그만 먹자?"
이내 참나가 한순간의 머뭇거림도 없이 당연한 척 화답해 왔다.
"YES! 그러지 뭐~!"

2023년 6월 4일, 나는 군산챌린지 철인3종 킹코스 국제대회에서 완주했다. 이 일은 나의 버킷리스트에서 '철인 되기'를 지우며 진정한 철인의 영광을 안겨줬다. 그날의 기쁨과 희열은 감격 그 자체로 기억 속에 각인돼 있다.

'끝날 때까지 끝난 게 아니다. 내가 선을 긋는 순간 내 한계가 결정된다.'

내가 아침 루틴으로 7시 월수금 주 3회 수영하는 스포츠센터에 걸려있는 포스트 글귀다. 이 문구를 읽으며 나는 내 한계를 넘어서려고 다짐한다. 지금도 나는 독백한다. "나도 내 한계를 모르겠어!"라고 입버릇처럼 말한다. 인간의 잠재의식은 무한대이다. **포텐(잠재의식)이 터지는 날은 반드시 온다.**

이렇듯 부자들의 성공비법 제2원칙은 바로 터닝 포인트다. 성공하려면 당신의 터닝 포인트를 찾아라.

2024년 7월의 끝자락인 27일 토요일 오전 6시, 장모님 생신을 맞아 온 경북 구미 처가에서 아침 루틴인 명상을 끝내고, 구체적으로 표현할 수 없지만 마음속에서 꿈틀거리는 뭔가를 느꼈다.

그날 나는 책을 내기로 맘먹었다. 생각해 보니 그건 거대한 성공에너지에 이끌려 작가가 되고자 염원해 왔던 내적동기가 발동한 것이었다. 이건 나의 변화를 위한 원스텝이자 행복하고 성공한 부자를 실현하기 위한 첫걸음이다.

이 책이 졸작일지 걸작일지 모르지만, 내겐 성공으로 안내해 줄 성경과도 같은 존재가 될 것으로 확신한다. 왜냐하면 내가 원했기 때문이다.

나는 성공을 위해 태어났고 부자가 될 운명이라고 믿고 있다. 이것이 나의 존재 이유이기도 하다. 오스트레일리아 작가 겸 제작자인 론다 번(Rhonda Byrne)의 《더 시크릿》 속의 주인공이 바로 나다. 나는 지금 내 책이 세상과 소통할 때 베스트셀러 작가가 되어 독자들 앞에서 강연하고 있는 내 모습을 생생하게 그리고 있다.

이 책《THE CEO》는 3050 성공 CEO를 꿈꾸는 MZ세대와 샐러리맨들에게 동기부여와 인생 멘토 역할을 해줄 자기계발서이자 자기 변화 지침서이다. '사람은 절대 변하지 않는다, 사람은 고쳐 쓰는 것이 아니다' 라고 말한다. 생물학적으로 인간은 변화하기 싫어하는 동물이기 때문이다.

나는 이 명제를 전복시키기 위해 이 책을 썼다. 내가 변화의 장본인으로 이를 증명하고 있다. **사람은 누구나 인생 전환점인 터닝 포인트(TP)가 찾아온다. 내가 찾을 수도 있고 운의 흐름에 편승해 찾아올 수도 있다. 인생사 운칠기삼이라지만 TP와 운과 기회를 알아차리면 변화의 서막이 열린다. 주파수를 성공 채널에 맞추려고 무의식적으로 뇌를 풀가동해야 한다.** 마치 먹이와 방향을 찾아 더듬이를 바쁘게 움직이는 개미들처럼 말이다.

《THE CEO》를 읽고 단 한 명일지라도 그의 인생이 변화한다면 저자로서 행복할 거 같다. 그걸 난 이 책을 쓴 소기의 목적으로 삼고 싶다.

미국의 라이프 코치 토니 로빈스(Anthony Robbins)는 말한다. '네 안에 잠든 거인을 깨워라.' 성공하려면 기본적으로 '자기애'와 '자기 신뢰'를 무기로 장착하고 있어야 한다. 내가 나를 사랑하지 않고 믿지 않는다면 게임 오버다. 내 안에 잠재해 있는 무한한 능력, 잠재의식의 힘을 믿고 깨닫고 끌어내라. 부자들의 성공비법 제3원칙은 잠재의식이다.

디자인과 단순함의 극치가 빚어낸 **애플의 창업자이자 세기의 천재 스티브 잡스(Steven Paul Jobs)가 말한 'The Connected Dots'의 대명제가 지금의 나를 성공으로 이끌었다.** 나의 인생 속의 경험과 과정들을 이룬 점들을 연결하니 그게 나의 현재 모습이다.

유년 시절 내 꿈은 사장(CEO)이 되어 돈을 많이 버는 거였다. 부자가 될 운명으로 태어났다고 생각한다. 나는 아침마다 억만장자가 되어 성공 메신저로서 롤모델이 돼 세상에 공명(resonance)을 전파한다는 확언으로 하루를 시작한다. 의식적으로 뇌에 각인시키는 나만의 성공 방식이다. 내 무의식은 이미 나를 부자로 알고 있을 것이다. 부자의 물질적 기준을 집, 땅, 차, 오피스 4요소로 가정한다면, 나는 이미 갖췄으니, 부자라 할 수 있을까? 생각하기 나름이지 싶다. 물론 아닐 수도 있다. 내가 원하는 '행복하고 성공한 부자'는 아직도 진행 중이기 때문이다.

당신은 어떤가? 당신과 함께 그 길을 동행하면 좋겠다.

2024.8.14. 베트남 다낭 골든베이호텔

S = A E D
Success Action Execution Doing
성공하려면 행동과 실행을 하라!
이재훈

| 차례 |

프롤로그   004

1장 부자가 되려면 'CEO'가 돼라

당신도 'CEO'를 꿈꾸는가?   020
'CEO'와 샐러리맨은 다르다   029
품격 있는 리더가 되라   038
통찰력 있는 'CEO'는 공감, 공유, 소통한다   043
'CEO PI'에 집중하라   052
결과로 말하라   059
의식경영을 하라   063
행동 편향을 강화하라   067
골프 잘 치는 'CEO'가 성공한다   071
부의 추월차선   075
부자처럼 생각하고 행동하라   080
크리티칼 매스를 분출하라   084

2장 책 읽는 'CEO'가 성공한다

불혹에 책에 미치다	090
생각하라, 그러면 부자가 된다	096
세상을 보는 나의 시선	101
인문 고전으로 리딩하라	106
자기로부터의 혁명	111
그리스인 조르바처럼 살아라	115
아침 루틴을 세팅하라	120
'이기는 습관'을 체화하라	124
성공루틴을 만들어라	130
소망 10계명과 삶의 우선 가치 10가지	135
성공해서가 아니라 성공하기 위해 책을 써라	140
버킷리스트를 작성하라	146

3장 타이탄(거인)의 비밀 노트 10

1. 적자생존하라 　　　　　　　　　152
2. 핑계 대지 마라 　　　　　　　　155
3. 나만의 캐릭터를 강화하라 　　　158
4. 두 수 앞을 내다봐라 　　　　　　161
5. 포기하면 성공한다 　　　　　　　164
6. 메타인지를 파악하라 　　　　　　167
7. 메멘토모리를 가슴에 새겨라 　　170
8. 행동하라 　　　　　　　　　　　173
9. 역행자가 돼라 　　　　　　　　　178
10. 코이의 법칙 　　　　　　　　　　181

4장 성공 방정식

성공과 행복론에 대하여	186
성공 방정식 'R=VD'	193
성공의 마스터키 '끌어당김의 법칙'	200
퀀텀 리프 하라	204
시간은 다이아몬드다	209
후회하지 않으려면 동행하라	215
나는 철인(아이언맨)이다	222
인생은 마라톤이다	226
세상을 시프트 하는 공명	230
달변가와 멘토	234
워라밸과 지속가능경영	240
수처작주 입처개진(隨處作主 立處皆眞)	247

에필로그 252

1장

부자가 되려면 'CEO'가 돼라

CEO

당신도 'CEO'를 꿈꾸는가?

당신도 'CEO'를 꿈꾸는가!?

    2024년 창간 25주년을 맞은 CEO PI 전문매체 《CEONEWS》는 1999년 3월에 창간호인 제1호를 발행하며 'CEO 시장'이라는 새로운 길을 열었다. CEO란 말 자체가 생소하던 시절이었다. 8월 현재 통권 420호가 발행됐고, 국내 최고이자 최초의 'CEO 전문지'란 타이틀을 갖고 있다. 2024년 잡지협회에서 선정한 '우수 콘텐츠 잡지'로 선정됐다. 2017년 1월부터 내가 CEO이자 발행인이 되어 이 잡지를 발행하고 있다.

    CEO란 누구인가? CEO는 'Chief Executive Officer'의 머리글자를 딴 3음절의 영문 이니셜이다. 사장, 대표, 최고경영자를 의미한다. '최고경영자(CEO)'의 사전적 의미는 기업에서 최고의 의사 결정권을 가진 사람이나, 단체나 기관에서도 최고의 경영권을 가진 사람을 총칭한다.

1장_ 부자가 되려면 'CEO'가 돼라

'CEO는 하늘이 내린다'라는 말이 있다. 20년 경력의 CEO 전문 베테랑 취재 기자인 내 경험에 비추어 볼 때 이 말은 남다른 의미로 다가온다. CEO가 얼마나 어려운 자리인지를 알기 때문이다. **CEO를 한마디로 평가하면, 나는 존경의 대상 그 자체라고 단언하고 싶다. CEO는 아무나 하는 게 아니다. 타고 나야 한다.**

CEO는 국가 경제 발전의 초석으로 나라의 기둥 역할을 한다. 작금의 저성장 기조의 불안한 경제 상황 속에서도 경영 현장 곳곳을 누비며 고군분투하는 CEO가 없다면 우리의 삶은 어떻게 될까. 현대의 '신'은 '돈'이고, 그 돈을 창조하는 사람은 'CEO'라는 점을 생각하면 CEO의 역할이 어떠해야 하는지 짐작이 갈 거다.

CEO는 리더이다. 그래서 그의 리더십이 매우 중요하다. 특히 CEO의 리더십은 위기 때 빛을 발한다. 소나기는 피하는 게 상책이라며 위기에 당당히 맞서는 게 아니라 피하는 CEO는 CEO가 아니다. CEO는 매 순간 때론 단거리로, 때론 장거리로 뛰는 만능 멀티플레이어가 돼야 한다.

지금 우리나라 경제가 매우 어렵다. 고금리, 고유가(원자재가 상승), 원고(원화강세)가 발목을 잡는다. 경제 전문가들도 이례적인 현상이라며, '3고' 시대 진입을 조심스럽게 예단한다. 대내외 경제 환경의 불확실성이 심각한 수준에 이르러 저성장 기조가 만연한 악상황이다. 이런 경기 악순환의 고착화를 막아 선순환 모드로 분위기를 반전시켜야 하는 위기의 순간 CEO의 리더십이 절실히 요구된다.

CEO는 사람을 잘 다뤄야 한다. '인사(人事)가 만사(萬事)'라 하지 않았던가. 좋은 인재를 잘 뽑아서 적재적소에 배치해 업무 효율을 최대화해야 한다. '인재 등용'하면 '삼고초려(三顧草廬)'라는 고사성어가 생각난다. 《삼국지》의 유비가 제갈공명을 책사로 모시기 위해 세 번이나 찾아갔다는 고사이다. 유비는 제갈공명을 인재로 등용해 촉나라의 왕이 됐다. 위나라 조조도 주위의 반대에도 불구하고 관상이 좋지 않은 사마의를 책사로 임명해 훗날 삼국통일의 위업을 달성했다. 오나라의 손권 또한 주유라는 명장을 등용해 삼국시대의 한 축을 이루었다.

'CEO'는 인재 등용뿐만 아니라 '양성'에도 집중해야 한다. 뽑힌 인재가 리더십과 전문성, 도덕성을 갖추도록 교육해 경영에서 핵심 역할을 하도록 해야 한다. 삼성은 CEO 양성 사관학교로 유명하다. 한 명의 CEO를 양성하기 위해 신입생 시절부터 최소 열 명 이상을 CEO 후보군 팀을 묶어 경쟁시킨다. **호랑이는 새끼들을 일부러 절벽에서 떨어뜨려 살아남은 새끼만을 후계자로 키운다.** 다소 냉정하게 보일지 모르지만, 비즈니스 세계에서 후계자 양성은 기업의 영속성과 사활이 걸린 중대한 문제이다. 인사라는 게 그만큼 어렵기도 하거니와, 좋은 인재를 등용하면 만사가 형통해지고 나아가 국가 백년대계의 토대를 완성할 수 있다.

무엇으로 사람을 움직이게 할 것인가? 그 사람의 마음을 얻으면 된다. 그렇다면 CEO는 조직을 이끌기 위해 무엇을 해야 할까? 리더십을 갖춰야 한다. 그런데 누구나 알고 있는 기존의 리더십 개념으론 어림도 없다. 통상적인 리더십 개념을 뛰어넘는 품격을 갖춘 신개념 리더십이 필요한 시대이다.

무한 글로벌 경쟁 시대에 생존하기 위해 1%의 차별화된 리더의 '격'이 필요하다. 《리더의 격》을 쓴 김종수성공연구소 김종수 대표는 새로운 시대의 리더십 핵심 덕목으로 결국 '격'이 가장 중요하다고 말한다. 그는 '격'이란 인간으로서의 훌륭한 성품, 누구에게나 믿음을 주는 성격적 자질, 자신이 할 일에 대해 끝까지 책임지는 태도라고 말한다. 통상적인 좋은 리더십, 훌륭한 리더십, 모범이 되는 리더십에 머물지 않고 리더십의 수준과 역량 그리고 내면적 품격을 올려야 한다. 인성 면에서 품격을 갖출 때 그 사람의 격이 올라가는 것처럼 리더십도 그 격을 올릴 때 비로소 진정한 리더십이 발현된다.

리더가 사람의 마음을 움직일 때, 일방적인 'Followship' 개념을 지양하고, 'Fellowship'으로 접근해야 한다. 리더가 동료처럼 온 마음을 다해 대하면, 직원은 따르게 마련이고, 그 리더가 제시하는 걸 믿고 받아들인다. 직원이 리더와 함께 움직이게 만들어야 진정한 리더라 할 수 있다. 당신은 품격을 갖춘 리더라 자부할 수 있는가. 이런 명제를 자기 자신에게 던지면서 사람의 마음을 진정으로 움직일 수 있는 리더의 품격을 갖춰야 행복하고 성공한 CEO가 될 수 있음을 명심하자.

사람은 누구나 성공하기를 원한다. 원하는 성공을 이룬 다음에는 무엇을 원할까? 나는 자신의 존재 가치를 더 높일 수 있는 명예를 추구할 걸로 생각한다. 너무 편협한 사고 논리라고 반박할 수도 있지만, 생각은 자유다. 사람마다 추구하는 가치관과 성공의 기준 또한 다르기 때문이다.

그렇다면 성공하기 위해선 어떻게 해야 할까? 성공학 총서를 다독하면 될까? 아니면 성공한 CEO들의 경영철학과 리더십을 따라 하면 될까? 아니다. 바로 성공키워드는 사람의 마음을 얻으면 된다. 가령, 자동차 영업사원이 신차를 팔기 위해 무엇을 해야 하는가를 생각해 보면 된다. 고객의 마음을 사로잡아야 한다.

그런데 고객의 마음을 사로잡기가 그렇게 생각한 만큼 쉽지 않다. 왜냐하면 '화호난화골(畵虎難畵骨) 지인미지심(知人未知心)' 때문이다. '호랑이를 그리더라도 뼈까지 그리기 어렵고, 사람을 알더라도 마음까지 알지 못한다'라는 뜻이다. '열 길 물속은 알아도 한 길 사람 속은 모른다'라고 하지 않은가. 한 사람을 알려면 서로 오래 소통하면서 함께 지내봐야 한다. 그런 다음에야 그 사람의 마음을 알 수 있고 또한 그 마음도 얻을 수 있는 법이다. 그만큼 사람의 마음을 얻기가 어렵다.

《삼국지연의》에 나오는 '칠종칠금(七縱七擒)'의 고사가 좋은 본보기다. 제갈공명이 남만 정벌 때 남만 왕 맹획을 일곱 번 잡고 일곱 번 놓아줌으로써 복종시켰다는 고사다. 남만과 전쟁하는데 맹획은 패배할 때마다 핑계를 대며 패배를 인정하지 않았다. 제갈량도 "그러면 어디 마음 내킬 때까지 덤벼 보라" 하면서 그를 번번이 놓아주었다. 결국 7차전이 끝나고 나서 제갈량은 포로로 잡힌 맹획 일가를 융숭하게 대접한 뒤 자신은 자리를 떠난다. 이때 한 사람이 술자리에 와서 말하길, "승상께서 이 땅의 사람을 너무 많이 죽여 공과 얼굴을 맞대기 부끄럽다고 하오. 그래서 나를 보내시면서 당신들을 풀어줘 다시 싸우게 하라는 명령을 내렸소"라고 말했다. 마침내 감복한 맹획이 눈물을 흘리며 진심으로 항복했다는 이야기다. 신의를 저버리길 찬물에 밥 말아 먹듯이 하는 맹획의 마음을 사로잡은 제갈공명의 아량이 대단하기만 하다.

비즈니스 현실 세계에는 '영원한 동지도 적도 없다'라는 말이 있다. 상황에 따라 적과도 동침해야 할 때도 있다. 성공한 CEO가 되고 싶은가? 그렇다면 직원의 마음을 얻으면 된다. 마음을 얻으면 서로 믿게 되고 CEO의 비전을 공유하면서 실행하기 때문에 자연스럽게 성공에 이르게 된다. 단순한 이치이지만 그 사람의 마음을 얻으려면 자신의 마음부터 다스려야 한다. 마음의 도를 닦으며 위기에 대비하는 미래형 CEO가 성공하는 법이다.

시시각각 변화하는 대외적인 경영환경을 사전에 예측해 미리 새로운 전략을 짜 놓았다고 하자. 막상 불황이 닥친다 해도 그 CEO는 느긋하다. 준비한 시나리오별 대응책에 따라 대처하면 피해를 최소화할 수 있기 때문이다. 예측경영이 가능한 기업이 바로 위기에 강하다.

위기에 처했을 때 CEO의 리더십과 능력이 빛을 발하는 법이다. CEO는 불황이 닥쳤을 때 냉철한 판단력과 승부사적 기질로 불황의 파고를 넘어야 한다. 또 지속 가능한 기업이 되기 위해 근시적인 관점에서 한 치 앞의 이익에 연연할 게 아니라 적어도 10년 이상 거시적인 관점에서 예측을 통한 미래 경영을 추구해야 한다.

기업의 최고 의사결정권자인 CEO가 제아무리 큰 비전을 갖고 탁월한 리더십과 경영마인드로 회사를 시스템적으로 잘 경영한다고 해도 복병은 항상 있게 마련이다. 요즘처럼 고환율, 고유가 등 외부적인 악재가 닥치면 치명타를 입기 쉽다. 고공 행진하던 주식이 갑자기 반 토막 나거나 곤두박질칠 수 있고, 자금 흐름이 막혀 하루아침에 기업이 부도 위기에 내몰릴 수도 있다. 하지만 예측경영을 추구하는 기업은 이러한 위기를 오히려 기회로 삼아 성장의 발판을 마련한다. 불황에 승자가 될 것인가 낙오자가 될 건가는 CEO의 몫이다.

100년 기업의 CEO들도 시스템적으로 예측경영을 펼치지만 예상치 못한 시장 상황에 따라 고전을 면치 못하는 경우가 허다하다. 특히 4차 산업혁명 시대에 기업의 명운이 걸린 신규사업 진출 혹은 대규모 투자에서 CEO들의 판단력은 기업의 성패를 가를 정도로 중요하다. 기업의 사활이 걸린 중요한 결정을 내릴 때 CEO의 경험과 연륜 그리고 직감도 좋겠지만 무엇보다 유연한 사고가 뒷받침돼야 한다.

나는 당신이 하루하루 불안과 긴장의 연속선상에서 매 순간 명확한 판단력을 요구받으면서도 미소를 잃지 않는 마음 후덕한 '덕장 CEO'가 되길 바란다. 사업에 위기가 닥쳐와도 리더로서 품격을 유지하면서 미래를 내다보는 '비전 CEO'가 되길 기대한다. 그러기 위해서 지식의 보물창고인 독서를 강력하게 권한다.

CEO와 샐러리맨은 다르다

CEO와 샐러리맨은 다르다

사람은 누구나 동등하게 태어났다. 고로 만인은 평등한 존재다. 이 거창한 명제를 꺼낸 건 마음만 먹으면 누구나 성공 기회의 세상이 열렸음을 강조하기 위해서다.

혹자는 '개천에서 용 난다'라는 말이 이젠 옛말이라고 일축한다. 태어날 때부터 흙수저와 금수저로 계급이 정해져 있다고 푸념한다. 완전히 틀린 말은 아니다. 서울대 신입생의 절반이 서울 강남 출신이라는 통계가 보여주듯 돈과 명예와 권력을 대물림하고 있고, 이 같은 현상은 더 심화되고 있다고 한다. 하지만 시각을 달리해보면 아직 절반의 성공 가능성은 열려 있다는 것을 확인할 수 있다. 흙수저 출신으로 성공한 벤처 기업가도 많다는 점을 기억하자.

그런데 누구는 태어나서 기업의 CEO가 되고, 누구는 월급쟁이 직장인이 된다. CEO라고 해서 특별하다거나, 직장인이라고 해서 평범하다는 의미가 아니다. 인생의 가치와 기준이 달라 어떤 삶을 살든 그건 순전히 자신의 선택이다.

그런데 나는 이왕이면 CEO의 삶을 살자고 권유한다. **CEO는 회사의 발전과 미래를 위해 자기 주도적으로 비전을 공유하고 목표를 향해 최선을 다한다. 삶도 마찬가지다. 주체적 삶을 사는 직업으로는 CEO만 한 게 없다고 생각한다.**

물론 직장인도 나름 주체적인 삶을 살겠지만 회사에서의 역할을 보면 자신에게 부여된 일, 즉 상사가 시키는 일을 수동적으로 처리한다. 삶을 입체적으로 접근하기보단 우물 안 개구리처럼 좁은 시야를 갖고 행동할 가능성이 크다. 그래서 'CEO는 숲을 보고 직원은 나무만 본다'라는 말이 있다.

CEO는 매월 급여일이 빠르게만 다가온다고 생각하고, 샐러리맨은 한 달이 더디다고만 느낀다. 왜 이런 인식의 차이가 생길까? 주어진 직책에 따라 책임과 권한이 다르기 때문이다. CEO, 부사장, 전무이사, 상무이사, 부장, 차장, 과장, 대리, 주임, 사원 등등. 직책에 따른 역할 분담으로 분업화된 기업구조 때문이다. CEO는 직원들의 급여를 만들어야 하고, 직원은 직책에 따라 일한 만큼 급여를 받는 존재다. 주는 것과 받는 것의 개념 차이는 하늘과 땅만큼이나 크다.

CEO는 거대한 조직을 통제하기 위해 피라미드식 수직적 지배구조를 활용하고, 직원은 지시받은 대로, 다시 말해 고삐를 당기는 쪽으로 움직인다. 개인의 아이디어와 창의성이 반영되지 않는 획일적이고 일방적인 방식이다. 이러한 기업은 지속가능경영을 보장받을 수 없다. CEO와 직원이 함께 잘 살기 위해선 쌍방향 교감이 이뤄져야 한다.

세상이 참 많이 빠르게 변했다. 조직도 변해야 살아남는다. 고로 직원도 변해야 조직에서 능력을 인정받아 잘리지(?) 않고 승진할 수 있다. **CEO와 직원은 동등하다는 수평적 사고 아래 CEO는 직원의 마음을 얻어야 하고, 직원은 CEO의 생각을 읽어야 한다. CEO와 직원이 일심동체가 되어 진정으로 비전을 공유하고 공감하면서 한 방향으로 나아가야 서로 원하는 목적을 얻을 수 있다.**

자기 계발 분야 최고 권위자로 칭송받는 토니 라빈스는 초대형 베스트셀러 《네 안에 잠든 거인을 깨워라》에서 이렇게 설파했다.

"순간의 결정이 새로운 운명을 창조한다. 우리가 진정 결단을 내린 순간, 그때부터 하늘도 움직이기 시작한다."

인간의 내면에는 잠재된 무한의 능력이 있으며, 마음먹기에 따라 요술램프 지니처럼 그것을 끄집어내 누구나 원하는 성공을 이룰 수 있다. 이것이 '끌어당김 법칙'의 핵심이다. **'하늘은 스스로 돕는 자를 돕는다'라는 격언처럼 지금 이 순간 '나는 변할**

수 있다'라는 사고와 신념을 행동으로 옮겨야 성공할 수 있다.

성공하려면 '무브(MOVE)'하라고 한다. 액션영화를 보면 리더가 팀원들한테 "무브! 무브!"라고 채근하듯 명령을 내린다. 그러면 팀원들은 일사불란하게 움직여 적을 단번에 제압한다. 아마도 CEO가 직원들에게 바라 마지않는 이상적인 장면일 거다. 영화의 장면이 마치 실제 회사업무에서도 재현된다면 이상적인 회사라 자부할 수 있을 것 같다.

서광원 작가의 《사장으로 산다는 것》의 책 소제목 'CEO와 직원은 종류가 다른 인간이다'를 읽으며 충격에 빠졌던 적이 있다. 스마트폰 갤러리를 정리하면서 찍어놓은 그때의 책 표지를 다시 보며 기억이 새록새록 떠오른다. 책 제목 앞에 '사장이 차마 말하지 못한'이라는 수식어를 달아놓은 서 작가의 통찰력이 놀라울 따름이다. 크게 공감한다.

이 세상에 수많은 직업이 있다. 그중에서 제일을 꼽으라면 단연코 사장 즉 CEO다. 최고의 직업인 CEO가 겉으로는 좋아 보이지만, 동시에 막중한 책임감 때문에 사장이 제일 힘든 직업이라는 우스갯소리도 있다. CEO는 양면성을 띠고 있는 직업임은 틀림없다.

CEO가 차마 말하지 못하는 사연은 100가지 넘을 거다. 그들은 말한다. 우리 힘든 거 아무도 모른다고. 아내도 모르고, 자식도 모르고, 직원들은 더 모른다고 말한다. 그들의 한숨 섞인

하소연을 들으면 가슴이 아려온다. CEO는 외롭고 고독한 자리다. 회사 사활이 걸린 중대한 의사결정을 앞에 두고 혼자만의 외로운 싸움은 기본이다. 여기에 누구도 대신해 줄 수 없는 고독한 가슴앓이를 누구 하나 알아주지 않는다. 니체가 말했다.

"나를 죽이지 못하는 고통은 나를 더욱 강하게 만든다." 대한민국의 모든 CEO는 니체의 말처럼 강철 CEO라 자부한다.

기업을 배에 비유하곤 한다. 배를 운항하는 선장은 회사의 CEO다. 망망대해 거친 파도를 가르고 폭풍을 헤치며 나가는 배는 반드시 목적지가 있다. CEO도 '성공'이라는 명확한 목표를 향해 나아간다. 어딘가에 있지만 정확히 어디에 있는지 모르는 그곳을 향해서 오늘도 달린다. 때론 지치고 힘들고 쉬고 싶어도 참으며 고군분투한다.

맥도날드 레이 크록 억만장자 CEO는 성공의 비결을 묻는 기자의 질문에 '직원들을 부자로 만드는 것'이라고 말했다. 참으로 기가 막힌 명언이다. CEO는 직원들의 마음을 하나로 통합해 공동의 목표에 집중시켜야 한다. 직원이 사장의 마인드를 헤아리는 회사는 성공할 수밖에 없다. CEO가 잘돼야 직원들도 잘되는 법이다. 아니다. 직원이 잘돼야 CEO가 성공한다.

직원들은 언제나 외롭고 고독한 CEO의 마음을 헤아리는 넓은 안목을 가지길 기대한다. 포스트 코로나 시대 또 다른 기대는 넘쳐나고 기회는 언제나 열려 있다. 두드리면 열릴 것이고 찾으면 찾을 것이다. 성공을 원한다면 사고나 행동을 정체시키지 말고 무브(MOVE)하라.

CEO가 성공하기 위해서 갖춰야 할 자질은 많이 있다. 리더십, 진정성, 솔선수범, 통찰력, 비전제시, 소통, 공유, 공감 등등 여러 가지다.

다만 한 가지 경계해야 할 점은 '착한 CEO 콤플렉스'다. 성공 반열에 오른 CEO들 가운데 꽤 많은 CEO가 이를 겪는다고 한다. 나름 저명한 CEO일수록 주변의 이목에 신경을 많이 쓴다고 한다. 실제로 착한 이미지로 보이고자 알게 모르게 노력을 기울이고 있다고 이구동성으로 하소연한다. 이 말인즉 비즈니스 외적 대인관계로 과도한 스트레스를 받는다는 방증이다.

물론 공인으로서 착한 CEO 이미지는 성공의 열쇠라 해도 과언이 아니다. 착하면서도 스타 CEO로 이미지가 굳혀지면 정치권 러브콜도 받는다. 문제는 구조적으로 대기업 및 중견기업에 비해 시스템이나 복리후생이 상대적으로 취약한 소기업의 경우 '착한 CEO 콤플렉스'로 힘들어하는 CEO가 많다는 사실이다.

예를 들어, 갑자기 회사가 어려움에 빠지면 인사 문제가 골머리를 썩인다. 특히 비교적 급여가 많은 장기 근속자를 어떻게 처리할 것인가. 내보내자니 경험과 노하우가 아깝고, 그냥 두자니 고비용이 부담되고. 혹시 '우리가 남이가?'로 통하는 한국의 의리와 정 때문에 그릇된 판단을 내리지는 않는지. 자칫 연봉삭

감이나 구조조정을 과감히 실행하지 못해 게도 구럭도 다 놓치는 우를 범하지는 않는지 생각해야 한다.

지속가능경영을 실현하기 위해 CEO들은 착한 CEO나 나쁜 CEO 콤플렉스에 연연하지 말고 소신대로 밀고 나가야 한다. CEO는 하늘이 내리지만 외롭고 고독하면서도 영광의 자리이다. 하루에도 몇 번씩 사업 성패를 좌우할 중대한 선택을 요구받는다. 국가 CEO인 대통령은 임기가 끝나면 백발이 만발하곤 한다. 미국의 빌 클린턴이나 오바마 대통령이 그랬고, 문재인 대통령도 흰머리를 휘날리신다.

CEO는 그 이름 석 자로 자신의 가치를 증명해야 한다. 나는 부자가 되거나 성공하려면 CEO가 돼야 한다고 입버릇처럼 말한다.

전 세계 레전드 CEO를 찾아봤다. 철강왕 앤드류 카네기, 자동차왕 헨리 포드, 경영의 신 마쓰시다 고노스케, 혁신의 아이콘 스티브 잡스, 투자의 귀재 워렌 버핏, 명품업계 거물 베르나르 아르노, 세계 부자 1위 일론 머스크 등등. 하지만 우리나라에서는 세계적인 반열에 오른 레전드 CEO가 극히 드물다. 그도 그럴 것이 창업주 오너 CEO가 대부분이기 때문이다. 현대그룹 정주영 회장, 삼성그룹 이병철 회장, 롯데그룹 신격호 회장, LG그룹 구인회 회장, SK그룹 최종건 회장 등. 앞으로 현존하는 세계적인 레전드 CEO가 한국에서 탄생하길 기대한다.

레전드는 영어 단어 'legend'로, 전설, 전설적인 인물을 뜻한다. 레전드 CEO란 역사에 길이 남아 그 이름이 불멸하는 전설적인 CEO라 보면 되겠다. 요즘 MZ세대들은 파이어족(Financial Independence Retire Early)이 되기 위해 CEO를 꿈꾼다고 한다. 아울러 스타트업기업이 늘어나고 있는 현실도 이를 뒷받침한다. 스타트업기업으로 출발해 기업가치가 10억 달러 이상의 유니콘 기업의 CEO가 레전드 CEO가 됐으면 좋겠다.

　레전드 CEO의 기준이 성공과 일맥상통한다. 성공한 CEO가 곧 레전드 CEO라 해도 과언이 아니다. 그만큼 성공의 기준은 부와 밀접한 관계가 있다. 세계 부자 1위 일론 머스크가 경영의 신이란 칭호를 얻기는 어렵다. 레전드 CEO의 반열에 오르기 위해선 CEO PI(President Identity)가 중요하다. 투자의 귀재 워렌 버핏, 혁신의 아이콘 스티브 잡스, 자동차왕 헨리 포드, 철강왕 앤드로 카네기처럼 앞에 수식어가 항상 따라다니는 CEO가 돼야 한다. 한국이 낳은 세계적인 레전드 CEO의 첫 신호탄을 쏘아 올릴 미래 CEO의 탄생을 기대한다.

CEO

품격 있는 리더가 되라

품격 있는 리더가 되라

리더는 말 그대로 이끄는 사람이다. 한 나라의 리더인 대통령은 국가를 통치하며 국민의 뜻을 받든다. 군대의 리더인 장군은 군인을 통솔하고, 기업의 리더인 CEO는 회사원을 이끈다.

리더의 필수 덕목은 리더십이다. 훌륭한 리더십은 선천적으로 타고나는 것이 아니고 후천적인 노력으로 만들어진다.

예로부터 현명한 임금은 왕국을 유지하기 위해 일찌감치 세자를 책봉해 왕자를 훈육했다. 그걸 서연이라고 불렀다. 어릴 때부터 제왕의 리더십을 배양하기 위해 덕과 학문을 갖춘 선비가 세자의 교육을 담당했다.

조선왕조 500년 역사상 26명의 임금 가운데 왕 중의 왕은 누가 뭐래도 세종대왕이다. 그 이유는 알다시피 훈민정음(訓民正音) 창제다. '훈민정음은 백성을 가르치는 바른 소리'라는 뜻이다. 중국의 한자를 넘어 순 우리 말을 만든 장본인이다. 그는 한글로 무지한 백성을 깨우치고 반상의 차별을 없앤 성군으로 평가받고 있다. 아마도 세종은 성군의 자질을 가지고 있기도 하거니와, 제왕학을 제대로 공부했기 때문에 이런 성군이 되었을 것이다.

왕조를 유지하려면 후계 구도를 잘 짜야 한다. 아울러 지속가능성도 확보해야 한다. 지속가능성의 3대 요소는 사람, 시스템, 리더십이라 생각한다. 리더는 세상을 움직이는 사람이다. 세상을 움직이기에 훌륭한 리더십을 갖춰야 한다.

뛰어난 리더는 삼국지 유비의 덕장 리더십과 성군 세종대왕의 서번트 리더십 그리고 정관의 치로 불리는 당 태종 이세민의 탁월한 리더십을 본받아야 한다. 세상을 태평성대로 이끈 요순시대 요임금과 순임금 같은 리더가 나타나길 기대한다.

특히 리더가 되려면 그에 걸맞는 격을 갖춰야 한다. 리더는 조직과 사람들을 이끄는 사람이다. 대통령, 장관, 국회의원, 기업의 CEO, 협회나 기관단체의 수장, 교수, 원장 등이 리더들이다. 이들 리더는 추종자들을 좋은 방향으로 이끌어야 하는 사명감과 의무감이 있다. 또한 리더들은 기본적으로 훌륭한 인격과 성품을 갖춰야 존경받는다. 성품과 본성은 선천적으로 타고난 자질이지만 인격과 품격은 후천적인 노력으로, 평생 갈고 닦아 체화해야 한다.

리더의 격, 다시 말해 품격은 후천적인 노력으로 길러진다. 반면 리더의 결은 타고난 성품이며 품성이다. 격이 결보다 상위 개념으로 해석하면 된다. 조선시대 중흥기와 안정기의 토대를 닦은 성종 대왕의 적장자 연산군은 처음에는 타고난 결이 좋아 성군의 정치를 펼치며 백성들에게 존경받았다. 하지만 주어진 권력을 감당 못 하고 폭군으로 전락하고 말았다. 로마 네로 황제 또한 후대에 폭군으로 기억되고 있다. 역사는 반면교사의 자료로 삼기에 더할 나위 없이 좋기에 리더들은 필수과목으로 역사 공부를 해야 한다.

리더의 품격은 존경 그 자체이다. 리더의 품격은 가치의 대명사 명품에 비유할 수 있다. 명품은 돈으로 살 수 있다. 하지만 품격은 돈으로 살 수 없는 무형의 가치로, 그 가치는 무한대이다. 동서고금을 막론하고 품격 있는 리더를 손꼽으라면 동서양 철학의 양대 산맥인 공자와 소크라테스를 들 수 있다. 또한 비폭력주의자 간디, 수호천사 테레사 수녀, 헌신의 대명사 김수환 추기경, 한국이 낳은 지성인 이어령 교수 등이 떠오른다. 이들 리더는 넘사벽(넘을 수 없는 사차원의 벽)인 품격을 갖춰 후대에 길이길이 회자되며 존경받고 있다.

정치에서는 미국의 링컨 대통령과 케네디 대통령, 영국의 마가렛 대처와 처칠 수상이 떠오른다. 아쉽게도 우리나라 정치에 품격 있는 리더는 곧바로 떠오르지 않는다. 기업 CEO에서 품격을 갖춘 리더는 사회공헌의 대명사 워렌 버핏과 빌 게이츠를 꼽고 싶다. 한국의 CEO 중 품격을 갖춘 리더는 글쎄다. 노코멘트 하고 싶다. 품격은 명예와 결을 같이 한다. 성인군자는 존경 그 자체이며 상위 1% 리더군에 속하는 리더다.

빌 게이츠는 "가난하게 태어난 것은 내 잘못이 아니지만 가난하게 죽는 건 내 잘못이다"라고 말한 바 있다. 빌 게이츠는 이 명언을 맘속에 품고 평생에 걸친 성찰로 멋진 성품을 체화한다. 후대에 존경받는 리더로 남고 싶다면 격을 더 높이는데 올인하는 리더가 되길 바란다. 또 노블레스 오블리주를 실천하는 품격 있는 CEO가 많이 나타나 선한 영향력을 행사하길 바란다.

통찰력 있는 'CEO'는
공감, 공유, 소통한다

통찰력 있는 'CEO'는 공감, 공유, 소통한다

　세상은 리더를 원하고 통찰력 있는 리더는 세상을 바꾼다. 통찰력(Insight)은 부분이 아니라 전체를 보는 능력을 말한다. 비유하자면 나무만 보는 것이 아니라 숲을 볼 줄 아는 안목이다. 나는 리더가 갖춰야 할 리더십 중에서 가장 중요한 덕목이 통찰력이라고 생각한다. 통찰력 있는 리더는 남이 보지 못하는 걸 보는 혜안(慧眼)이 있고, 남이 알지 못하는 걸 아는 신명(神明)이 있다.

　성공한 리더는 용인술(用人術)이 뛰어나다. 용인술은 사람을 다루는 능력을 말한다. 인재를 등용하고 적재적소에 배치해 최대의 역량을 발휘하게 하는 기술을 통틀어 일컫는 말이다.

　동서고금을 살펴보면 용인술의 대가들은 많다. 삼국지의 유비는 의형제 관우와 장비, 백전백승의 명장 조자룡, 탁월한 책사 제갈량을 등용 하여 한 시대를 풍미할 수 있었다. 당 태종 또한 사람 관리에 뛰어났다. 당나라 사관 오긍이 쓴 당 태종이 신하들과 나눈 문답집《정관정요》는 세상만사는 사람에서 시작되고 사람에서 끝난다고 훈시하고 있다. 이 책은 인재경영, 즉 사람을 강조하고 있다. 리더십의 핵심이 바로 인재 관리에 있다는 걸 의미한다. 리더십은 사람을 변화시키는 힘이다. 탁월한 리더가 되려면 통찰력, 용인술, 인재 관리에 올인해야 한다.

손자병법에 보면 '쉼 없이 변하는 상황에 맞춰 대응하고 변신하라'는 말이 있다. 시시때때로 변화하는 세상에서 생존하기 위해서는 항상 의식이 깨어 있어야 하며, 준비하면서 때를 기다려야 한다. 그래야 반드시 성공의 기회를 잡을 것이라 확신한다.

'뛰어난 리더는 방황하지 않는다'고 했다. '정답이 없다는 것이 정답'이다. 성공한 리더가 되기 위해서 한 번쯤 가슴에 되새겨 보길 바란다.

최근 들어 세상이 참 빨리 변하는 것 같다. 변화 속도에 마음과 행동이 따라가지 못할 정도다. 기업 생태계 또한 완전히 바뀌고 있다. 개인의 인생 패러다임도 많이 변했다. 현대사회는 시장경쟁과 위계 조직이 지배하던 세상에서 초연결사회로 급속하게 재편되고 있다. 생존을 위한 무한경쟁시대인 신자유주의적 경쟁 패러다임이 끝나가고 있다.

'초연결사회'는 캐나다 네트워크 사회학자 아나벨 콴하스와

배리 웰만이 정립한 새로운 패러다임이다. 사람과 사람의 연결은 물론 사람과 사물, 사물과 사물들이 연결되어 서로 영향을 주고받는 네트워크 세상을 말한다. 다시 말해 초연결사회는 정보통신기술을 통해 온라인과 오프라인의 세계가 연결되는 것을 넘어서 세상에 존재하는 모든 게 영역의 구분 없이 하나로 연결되는 새로운 플랫폼 기반의 사회로 접어들었다는 의미다.

초연결사회에서 플랫폼은 회사나 개인을 둘러싼 가장 기본적인 맥락을 구성한다. 이 플랫폼 세상과 소통이 원활해야 성공할 수 있다. 다시 말해 플랫폼의 눈으로 세상을 이해하고, 사람들은 플랫폼의 사고로 전환해야 한다.

초연결사회의 플랫폼 조직에서 CEO의 리더십도 바뀌어야 한다. 먼저 CEO는 목적경영이 이끄는 서번트 리더십에 주목해야 한다. 목적경영은 혁신을 성공적으로 제도화해 지속 가능한 목적성과를 달성해 100년 기업으로 성장하는 것을 의미한다.

세상이 초연결사회로 바뀜에 따라 리더십 패러다임도 진화하기 마련이다. 리더의 존재감은 리더가 목적경영에 대한 진정성을 바탕으로 직원들을 긍휼감으로 대하는 마음을 직원들이 느낄 때 저절로 생기게 된다. 고압적 카리스마가 아닌 사랑과 진정성을 기반으로 리더십을 발휘해야 직원들이 자발적으로 따른다는 의미다.

CEO는 수평화되고 공유와 개방, 연결과 협업을 통한 상생이

특징인 플랫폼 시대에 낮은 자세로 겸양과 봉사해야 한다. 또한 목적경영을 실현하기 위해 직원들의 동참을 이끌어야 한다. 저성장 시대 치열한 경쟁으로 경영 상황이 녹록하지 않은 현시점에서 명심해야 할 대목이다.

목적경영의 핵심은 이념논쟁이 아니다. 기업의 존재 이유인 이윤 창출을 위한 실천 원리에 집중되어 있다. 목적경영은 말이 아니라 실천과 혁신을 통해 지속적인 성과를 창출해 내는 것이다.

목적경영을 추구하는 리더들을 '호시우보(虎視牛步), 우보천리(牛步千里)'라는 말로 설명할 수 있다. '호시우보'는 호랑이의 날카로운 눈빛으로 목적지를 주시하며 소걸음으로 우직하게 한 발 한발 걸어간다는 뜻이고, '우보천리'는 소걸음으로도 결국 천리를 간다는 의미이다.

초연결사회의 플랫폼 시대에서 세상과 소통, 공유하면서 살아남아 100년 기업을 완성하는 진정한 리더가 되려면 이런 통찰력을 길러야 한다.

작금의 시대는 물질만능주의 시대다. '돈'이면 '만사 OK'로 통하는 사회통념과 분위기가 왠지 씁쓸하기만 하다. '돈'은 행복한 삶을 위한 도구에 지나지 않으며, 인생의 목표가 되어선 안 된다. 삶의 진정한 목적은 '행복 추구'에 있다.

세대를 뛰어넘어 진정한 공감이 형성돼야 행복할 수 있다. 인간은 사회적인 동물로, 관계 속에서 생존과 번영에 유리한 쪽으로 진화해 왔다. 트위터, 페이스북, 인스타그램 등 SNS로 통하는 초연결 시대에 다양성이 곧 개인의 가치로 연결되고 있다. 독립적으로 생각하고 행동하는 다양한 사람들이 공감대를 형성하고 자유롭게 교류할 때 창의성이 발휘되고 성과로 이어진다.

통상적으로 많은 조직의 리더는 부하 직원에게 솔루션을 제시하기 위해 노력한다. 하지만 CEO는 솔루션에 따른 해결에 앞서 직원과의 진정한 공감이 더 중요하다는 사실을 알아야 한다. **명령만 내리는 꼰대형 리더는 솔루션을, 훌륭한 리더는 공감대를 먼저 생각한다.** 치밀한 분석과 전략 기획보다는 고객의 불편이나 불만을 해소해 주는 방법, 혹은 내면에서 우러나오는 소명의식이나 사명감에 기반해 나온 공감형 사업 아이템이 롱런하는 경우가 많다는 사실을 CEO는 새겨들어야 한다.

바야흐로 공감의 시대가 도래했다. 소비자 중심 시대에 기업들은 소비자 편에서 생각하고 소비자와 공감할 수 있는 요소를 찾는 데 집중하고 있다. 이미 소비자와 공감 못 하는 기업과 제품들이 하나둘 시장에서 도태되기 시작했다.

익숙함은 편안하지만 너무 익숙해지면 지루해진다. 참신함은 새로운 흥분을 제공하더라도 너무 참신하면 거부감이 생기게 마련이다. 최고의 고객 가치는 익숙함과 참신함의 중간쯤에서 공감대 형성을 통해 새로운 트렌드를 반영하면서도 익숙함과 참

신함을 모두 간직할 때 창출되는 법이다. 하지만 진정한 공감은 말처럼 쉬운 것이 아니다. 공감이 어려운 근본 원인은 경쟁 때문이다. 작금의 시대는 초연결 네트워크 사회이며 무한 경쟁사회이다.

사회에서 수많은 사람을 만나지만 대부분 업무적 교류이고, 대체로 얕고 짧은 관계로 끝나며, 경쟁시스템의 강화로 인해 공감하기 어렵다. 진정한 공감은 동질감으로 행복과 불행의 감정을 함께 느끼는 감정을 말한다. 많은 사람과 가까운 사회적 관계를 맺고 행복을 공유, 공감할수록 행복감은 높아진다. 공감은 내가 내 자신의 행복을 돕는 직접적인 행동으로 현재의 내가 미래의 나를 생각하는 마음가짐이다.

새 술은 새 부대에 담아야 한다. 세상이 참 많이 변했다. 그러므로 우리도 변해야 살아남을 수 있다. 그런데 사람은 쉽게 변하지 않는다. 말로만 변화와 혁신을 외치지만 마음은 요지부동이다. 사람들은 살아오면서 겪은 자신만의 경험을 통해 형성된 고정관념, 선입관, 편견, 가치관, 정체성이 뼛속 깊숙이 쌓여 있다. 이러한 아집(我執)이 바로 변화의 걸림돌이며 문제다. 자기중심적인 사고의 틀에 갇혀 다른 사람의 의견이나 입장을 무시하고 '나만 옳고 남은 틀리다'라는 흑백논리가 은연중에 우리의 사고를 지배하고 있기 때문이다. 이러한 타성에 젖은 사고방식이 우리를 안주하게 만들고 변화와 도전을 거부하게 만든다.

변화에는 고통이 따르기 마련이다. 고통을 기꺼이 감수하는 마음 자세가 바로 변화의 시발점으로 종착역인 성공의 문을 열어 줄 것이다.

4차 산업혁명 시대를 맞아 성공하려면 '공감', '공유', '소통'해야 한다. 좀 더 자세하게 알아보자.

첫째, 공감해야 한다. 아집을 버리고 상대방도 옳을 수 있다는 배려와 관용을 가져야 한다. 서로 다름을 인정하는 순간 공감대가 형성될 거고, 그 토대 아래 공통 분모가 둘을 하나로 묶어 줄 거다. 나와 생각은 다르더라도 공공의 목적을 위해 손을 잡고 협심함으로써 달콤한 과실을 얻을 수 있다. 획일적인 사고와 군중 속의 익명성은 개성을 소멸시키기에 항상 지양해야 한다. 인간관계에서 공감을 통해 상대방의 마음을 얻어야 그 관계를 오랫동안 지속할 수 있다. 비즈니스 세계에서도 너와 내가 생각은 다르더라도 우린 친구가 될 수 있다는 이심전심의 마음 자세가 필요하다. 상대방을 향한 열린 마음이 바로 공감의 출발점이다.

둘째, 공유해야 한다. 요즘 SNS를 타고 먹방(?)이 인기다. 다 공유에서 나오는 공감의 힘이다. 기쁨은 공유하면 배가 되고 슬픔은 나누면 반이 되는 법이다. 내가 무슨 생각을 하고 있는지 상대방에게 공유하면 서로를 쉽게 이해하고 관계를 지속할 수 있다. CEO가 직원들에게 비전을 공유해야 직원들은 CEO의 의지를 읽고 같은 방향으로 움직인다. 100년 인생 나만 행복하게 누려야지 해봐야 사무치는 외로움과 공허감만 따라올 뿐이다. **경제적으로 여유가 있을 때 남에게 하나라도 더 나눠줘야 노년에 친구가 많아 행복할 거다. 기버(giver)가 돼야 성공할 수 있다.** 이제부터라도 몸과 마음을 내려놓고 낮은 자세로 임하길 기대해 본다.

셋째, 소통해야 한다. "팔로미~" 외치면, "네~" 하고 즉답이 오면 얼마나 좋을까? 공감하고 공유하고 마지막으로 진정으로 소통해야 한다. 앞에서 리딩하는 CEO를 전적으로 믿고 소통하는 직원이 많은 회사는 지속 가능 경영을 실현할 수 있다. **CEO는 월급 주는 사장, 직원은 봉급 받는 샐러리맨이 아니다. CEO와 직원이 회사라는 큰 울타리 아래서 서로 가족처럼 주객의 구분 없이 하나의 목표 아래 움직이는 유기체라는 생각을 가져야 한다.** 이를 위해 '소통'이 전제돼야 할 것이다. 공감, 공유, 소통의 3대 키워드가 당신을 성공의 길로 인도할 것이다.

'CEO PI'에 집중하라

'CEO PI'에 집중하라

자기 자신을 누구보다 잘 파는(?) CEO가 성공한다. 왜 자기 자신을 잘 파는 CEO가 성공할까. 그렇다. 비즈니스의 본질을 자기 자신에게 투영하기 때문이다. 그러면 곧바로 꼬리에 꼬리를 물고 이어지는 질문, 비즈니스의 본질이 무엇일까.

비즈니스의 본질은 누가 뭐래도 '세일즈'이다. 세일즈는 비즈니스의 기본 명제이기도 하다. 그래서 기업의 꽃은 영업부이다. 마케팅을 잘하면 곧 수익과 직결된다. 흔한 말로 관리 출신보다 영업 출신 CEO가 더 성공한다고 한다. 기업의 기본이자 본질에 충실할 수 있는 경험과 능력, 노하우가 있기 때문이다. 이런 CEO는 승승장구하며 롱런한다.

이 주장을 조금 고급지게 표현해 보자. CEO PI(President Identity)에 집중하라, 그러면 성공할 것이다. CEO PI는 CEO의

정체성이라고 할 수 있는데, 누구든 정체성이 분명할 때 성과는 저절로 따라오게 마련이다. 그렇다면 CEO의 정체성은 무엇일까.

여기서 정체성은 '상징'이란 말로 대체해도 될 듯싶다. 가령, 창조의 아이콘으로 회자되는 애플의 고 스티브 잡스 하면 으레 청바지 차림에 검은 티셔츠를 입고 프레젠테이션하는 모습이 연상된다. 메타의 마크 저크버그 또한 패션에 신경 쓸 시간이 없다는 이유로 회색 셔츠만 여러 벌 입는 CEO로 기억되고 있다.

그런데 삼성 하면 어떤 이미지가 떠오르는가. 이재용 회장이 아니라 고 이건희 회장이 연상된다. 이재용 회장이 아버지 회장의 작고 후 삼성의 일인자로 등극했더라도 드러나는 CEO PI가 아직 분명하지 않다. '뉴삼성'을 향한 이재용 회장의 밑그림이 아직 구체화하지 못했기 때문으로 짐작은 되지만 이런 CEO PI가 모호한 상태가 오래가면 기업의 이미지에도 타격을 줄 수 있다.

20년 경력의 베테랑 CEO 전문기자인 내가 발행인인 CEO PI 전문잡지 《CEONEWS》는 창간 20주년이었던 2019년부터 '탑씨이오(TOP CEO)'를 선정해 발표해오고 있다. 첫 해 100명의 탑씨이오를 선정한 걸 시작으로 2024년까지 5년 연속 총 350여 명의 탑씨이오를 선정, 발표해 왔다.

《CEONEWS》가 나름 국내 최고이자 최초의 CEO PI 전문잡지로서 응당 제 역할과 소명을 다한 것으로 자찬하고 싶은 게 솔직한 심정이다. CEO PI의 개념조차 없었던 터라 그냥 경영만 잘하면 CEO의 역할을 다한다는 생각이 지배적이던 우리나라 CEO들에게 발상의 전환을 자극하였던 거다. 지금은 자기 PR의 시대 아닌가. CEO PI를 좁게 설명하면, CEO를 상징하는 자기 PR의 도구이기도 하기 때문이다.

하지만 자기반성도 하고 싶다. "이재훈 하면 《CEONEWS》가 떠오르는가?"라는 질문에 확실히 "그렇다"라고 대답할 수 없음이 부끄러운 현실이다. 아직은 미약하기 때문이다. 하지만 나는 확신한다. 10년 후에는 창대할 거라고. 그날의 영광을 위해 초심을 잃지 않고 일신우일신(日新又日新), 즉 날마다 새로워지고 또 날마다 새로워지겠다는 자세로 하루하루를 충만하게 살겠다고 다짐해 본다.

당신은 지금 어떤 CEO로 기억되고 싶은가? 사후에는 어떻게 평가받고 싶은가? 아무도 내 마음 모른다고 남 탓하고, 세상이 나를 몰라준다고 신세 한탄만 하고 살 것인가?

이제라도 CEO PI에 집중해 자신만의 성공 이미지를 구축하라. 이왕이면 세계 10대 부호들을 능가하는 국내 최초의 CEO가 되겠다고 당당히 공언해 보라. 불가능하다고 지레 포기할 생각은 마라. 다 그들도 당신처럼 그렇게 시작했고, 그렇게 성장했고, 그러다 무한 잠재력이 원심력으로 작동하면서 아무도 예상하지 못한 엄청난 결과를 만들었다. 당신이 그 주인공이 되지 말란 법이라고 있는가. 누구나 맘먹고 최선을 다하면 이룰 수 있는 꿈이다. 다 사람이 할 수 있는 일이다. 나도 마찬가지다. 그 간절함을 안고 생생하게 꿈꾸면 반드시 실현된다. **성공의 방정식 'R(Realization)=VD(Vivid Dream)'를 기억하라.**

요즘은 감성 리더십이 뜬다. 감성 리더십이란 인간적인 감정에 호소하며 조직을 이끄는 리더십이라 할 수 있다. 알렉산더대왕이나 칭기즈칸, 나폴레옹 보나파르트 등 세계를 호령했던 위대한 정복자가 가슴속에 깊이 새긴 명언을 보면 감성리더십이 얼마나 중요한지 알 수 있다.

"사람의 마음을 얻는 자 천하를 호령하리라!"

열 길 물속은 알아도 한 길 속을 알 수 없는 것이 사람이기 때문에 사람의 마음을 얻기란 쉽지 않다. 사실 진정한 리더는 결국 사람의 마음을 움직여 세상을 변화시키지 않았던가.

감성 리더십은 지극히 원초적이고 단순하다. 감성은 말 그대로 '필(feel)'이며 '느낌'이고 '향기'다. '필'이 충만해야 사람을 감동하게 할 수 있고, 향기 나는 꽃에 나비와 벌들이 모여들기 마련이다. 따라서 느낌이 좋은 감성 리더가 돼야 한다. 느낌이 좋은 리더에게는 관심과 호감이 생기기 마련이고, 오래 기억되며 주위에 사람이 모이는 법이다. 매력 있는 남자에게 미인이 끌리게 되는 이치와 같다. 이렇듯 매력이 넘치는 리더는 다른 사람을 움직일 힘이 있다. CEO PI는 바로 여기에 매력 포인트가 있다. **CEO PI는 감성 리더십의 출발점이자, 사람의 마음을 얻어 새로운 세상을 만들어 갈 강력한 무기이다.**

리더십도 시대에 따라 다양하게 변한다. 20세기에는 강압적인 리더십이 설득력을 얻었다. 리더 자신이 가진 지위와 권력을 활용해 사람들을 공포와 두려움으로 몰아넣어 통제하며 힘으로 굴복시키는 리더십이다. 하지만 다양성과 다변화 그리고 속도로 대변되는 21세기는 감성리더십이 주목받고 있다. 사람의 감성에 호소하고 진정성 담은 마음으로 다가가 자발적인 참여를 유도하고 열정과 헌신 그리고 충성을 끌어 내는 리더십이다. 이런 인간적인 측면으로 다가가야 사람의 마음을 얻고, 사람들이 움직인다. 이들의 몰입과 창의성은 새로운 세상을 여는 힘이고.

그래서 나는 감성 리더십을 체화(體化)해 CEO PI에 집중해야 세상을 움직일 수 있다고 주장한다. 체화는 '생각, 사상, 이론 따위가 몸에 배어서 자기 것이 되는 걸 의미한다. 또는 그렇게 만든다는 의미도 들어있다. **탁월한 리더는 '체화'라는 단어에 주목해야 한다. 오롯이 뼛속까지 온몸으로 내 결로 만든 감성에 기반한 리더십이야말로 사람의 마음을 얻어 그토록 열망했던 꿈과 비전을 실현할 수 있다. 성공하고 싶은가. 부자가 되고 싶은가. 명예를 얻고 싶은가. 그러면 감성 리더십을 체화하라.**

향기 나는 사람, 매력 넘치는 사람, 나만의 브랜드 가치를 높여 자체 발광 명품 CEO가 되어야 한다. 그래야 살아남는다. 이것이 천하를 지배했던 정복자들의 핵심 경쟁력이었다. 운명과 사명 그리고 힘이 그들을 리더로 만든 것이다. 21세기를 이끌어 갈 새로운 리더의 탄생을 기대하는 마음을 담아서 묻고 싶다. 당신은 어떤 리더가 되고 싶은가?

'사람은 죽어 이름을 남기고 호랑이는 죽어 가죽을 남긴다' 했다. 정주영, 이병철, 구인회, 최종건, 신격호 이름만 들어도 위엄이 서고 존경스러운 위대한 한국의 창업주 오너 CEO들이다. 일론 머스크, 제프 베이조스, 빌 게이츠, 마크 저크버그는 현존하는 세계의 슈퍼리치 CEO다. 이들 또한 존경 그 자체인 CEO다. 바라건대 당신도 이들을 능가하는 CEO가 되길 염원한다.

CEO

결과로 말하라

결과로 말하라

'결과'보다 '과정'이 중요하다는 말을 많이 들어봤을 거다. 맞다. 결과에 치중하다 보면 과정의 정당성보다는 수단과 방법을 가리지 않게 된다. 당연히 과정의 정당성이 확보된 결과라야 진정한 결과라 할 수 있다.

하지만 이 말을 너무 확대해석한 나머지 결과는 상관없이 오로지 과정만 정당하면 된다고 오해할 수 있다. 그건 아니다. 사실 결과에 방점을 찍고 과정을 올바르게 해야 한다. 과정에 방점을 찍고 결과를 나 몰라라 하면 안 된다.

결과는 되레 과정을 정당화한다. 수단과 방법을 가리지 않는 게 지나치지 않으면 그냥 결과를 위한 허물 정도로 묻어 넘어가는 게 현실 아니던가. 누가 보더라도 반칙과 페어플레이 정신이 실종한 축구 경기라도 결국 스코어로 말한다.

해서 나는 결과로 말하라고 강조한다. 상대가 있는 게임에서 결과는 더 중요하다. 요즘은 1등이 미덕이다. 다시 말해 결과가 능력인 시대다. '1등'만 인정한다고 비판하지만 어쩌겠는가. 2등이나 3등의 존재감은 경쟁할 때뿐, 끝나면 이내 잊히는 게 현실이다.

그럼 경쟁에서 이기려면 어떻게 해야 할까. 우선 침묵으로 상대를 제압하라. 말이 많으면 언제나 그랬듯이 실수가 따르는 법이다. 강자는 행동으로 말하며 약자는 변명으로 일관한다. 당신은 어느 편에 속하는가? 말만 번지르르하게 앞세우고 행동하지 않으면 허풍쟁이로 낙인찍힌다.

사람들은 당신의 결과물을 보고 당신의 노력을 인정해 줄 뿐이다. 프로와 아마추어의 차이는 결국 몸값이다. 당신이 프로라면 결과로 증명해 보여야 한다. 당신의 행동이 말하게 놔두어라. **결과물이 대신 말하게 하라. 결과로 당신의 가치를 만천하에 알려라. 당신의 노력은 결과물로 빛날 것이다. 당신이 떠벌리지 않아도 절대 속일 수 없는 것은 당신이 성취한 결과다. 당신의 위대함은 침묵 속에 고요함으로 더욱 빛날 거다.**

원하는 결과물을 얻을 때까지 세상의 조롱과 멸시도 묵묵히 견뎌내야 한다. 작은 성취에 취해 여기저기 떠벌리지 말라. 상대를 한 방에 제압할 강펀치를 준비하라. 입은 닫고 결과를 창출하라. 성공을 향한 당신의 몸부림이 결과물로 세상에 표출되게 하라. 그게 당신의 사명이며, 걸어가야 할 운명이다.

가치를 창조하라. 누구도 범접할 수 없는 노력의 결과로 말하라. 말이 필요 없다. 오직 결과로 말하라. 남들보다 특별하게 생각하고 빠르게 행동하라. 움직여라. 힘차게 비상하라. 내 꿈을 당당히 펼쳐라. 푸르른 창공을 유유히 나르는 독수리가 돼라. 우렁차게 포효하는 호랑이가 돼라. 당신이 그동안 쌓아온 고군분투가 반드시 결과로 나타날 것이다. 당신의 능력을 믿어라. 자기 자신의 한계를 넘어서 당신 능력을 무한대로 끌어올려라. 우주가 당신의 노력에 반응해 무한 에너지를 보내줄 것이다. 자석이 되어 힘껏 끌어당겨라. 당신은 이 세상의 중심으로 새로운 세상을 열어갈 또 다른 창조자로서 위력을 발휘하게 될 것이다.

CEO

의식경영을 하라

의식경영을 하라

    지금은 무한경쟁시대이다. 이럴 때 남들과 똑같아서는 절대 성공할 수 없다. 그렇다면 다른 경쟁자들과 다른 뭔가를 해야 한다는 당위가 생긴다. 그게 뭘까.

    나는 '의식경영'을 하라고 말하고 싶다. 의식경영이란 아직 경영학 교과서에 등장하는 개념은 아니지만 많은 사람이 관심을 가지는 주제이다.

    '의식'이란 단어를 사전에서 찾아보면, "깨어 있는 상태에서 자기 자신이나 사물에 대하여 인식하는 작용"이라고 풀이한다. 의식은 인식, 즉 앎이 전제되는 개념인데, 자기 자신이 현재 처해 있는 현실과 강점과 약점을 두루 안다는 걸 의미한다.

    "너 자신을 알라"는 소크라테스의 일갈이 의식경영의 의미를 웅변적으로 말해주듯, 의식경영의 출발은 '나의 변화'에서 시작

해야 한다. 내 의식부터 바꿔야 사고체계가 변화되고 자연스럽게 행동이 달라진다.

성공과 부를 창출하고 싶다면 의식 수준을 높여야 함은 당연하다. 의식 수준을 높이기 위해서 기본적으로 습관부터 바꿔야 한다. 예를 들어, 기상 습관, 운동 습관, 독서 습관, 명상 습관, 사고 습관을 의식적으로 몸에 자연스럽게 배게 해야 한다. 몸이 좋은 습관들을 기억하도록 체화시키란 얘기다. '세 살 버릇 여든까지 간다'란 속담이 있다. 한번 몸에 밴 나쁜 습관은 좀처럼 고치기 쉽지 않다. 조기교육의 중요성이 강조되고 있는 이유이다.

CEO는 누구나 좋은 인재 양성을 원한다. 유능한 직원을 만들기 위해 고기 잡는 법을 가르치기에 앞서 인성교육부터 시켜야 한다. 주인의식 배양과 의식경영 습관부터 길러줘야 한다. 동양사상의 핵심인 심신의 조화를 방법론으로 제시한다. 얼리버드가 되어 성실함을 기본으로 규칙적인 운동을 생활화하고 입 안에 가시가 돋아나지 않게 독서 습관을 통해 사고력을 키워줘야 한다.

인간은 누구나 안주하고자 하는 본능을 갖고 있다. 경험을 통해 익힌 학습 방법을 삶의 지혜로 사용해 안정적인 생활을 추구하며 살아간다. 배부르고 등 따시며 경제적 여유까지 충만하면 만족한다. 이게 보통 사람들의 일반적인 삶이라고 정의한다.

의식경영은 자기 경영의 출발이자 뿌리다. 의식경영을 하는 사람은 주도적이고 능동적이며 인생의 주인공으로 살아간다. 따라서 CEO는 의식경영법을 의식적으로 익혀야 한다. CEO는 직원들이 주인의식을 갖고 스스로 일하는 재미와 가치를 느끼게끔 기업문화 정착에 힘써야 한다. 일하는 목적이 단순히 돈을 버는 게 아니라 기대 이상의 가치와 의미를 깨닫게 해줘야 한다. 회사의 비전과 직원의 이상 추구가 일맥상통해야 한다. 지속적인 동기부여와 명확한 목표 의식을 심어줘야 한다.

CEO는 성공 마인드 셋을 장착해야 한다. 노력하면 언젠가는 성공할 수 있다는 것을 잠재의식 속에 각인시켜야 한다. '기필코 성공하겠다'란 의식경영을 지속적으로 습관화해야 한다. 나는 2022년 6월18일 설악그란폰도 대회를 완주하며 성공 마인드 셋을 다짐했다. 리버스구룡령 마의 20km 오르막 레이싱에서 233명의 참가자를 추월하며 성공 DNA가 솟아오름을 만끽했었다. '나는 반듯이 성공한다'라고 독백했었던 그날의 기억이 지금도 뇌리에 강한 자극으로 남아 있다.

CEO

행동 편향을 강화하라

행동 편향을 강화하라

　행동 편향을 강화해야 성공할 수 있다. 행동 편향은 삶을 스스로 통제하고 있다는 느낌을 강화하는 걸 말한다. 인생은 행동해야 바뀐다. 백날 생각만 해봐야 바뀌지 않는다. 행동하지 않으면 도로아미타불에 그치고 만다. **행동이 성공을 만든다. 성공한 사람들은 행동이 앞선다. 1톤의 생각보다 1그램의 실천이 중요한 법이다. 성공하고 싶은가? 5초를 세고 바로 행동해라. 5초 안에 "Do or Don't"를 결정하란 말이다.**

　'5초의 법칙'을 아는가? 5, 4, 3, 2, 1 숫자를 센 다음 바로 행동에 옮기는 걸 말한다. 자기 계발 및 동기부여 전문가이자 작자인 멜 로빈스의 책 제목이다. 그는 5초 안에 행동해야 변화할 수 있다고 강조한다. 5초는 생물학적 한계를 뛰어넘는 시간이다. 인간의 이성이 작동을 시작하기 전 5초 안에 무의식적으로 행동해야 성공할 수 있다. 일단 행동하면 나머지는 알아서 원하는 결과로 이어질 것이다. 시작이 반이라는 말이 있듯이 행동력을 강조하고 있는 논리다.

뇌 전문가에 따르면 우리의 뇌는 상상한 것을 마치 사실로 받아들인다고 한다. 그래서 성공한 사람들은 성공의 마스터키인 시각화, 상상화 기법을 실천하고 있다. 비전 보드를 작성해 매일 마치 꿈이 실현된 것처럼 상상하면 뇌는 사실로 인식한다는 것이다. 억만장자들은 이구동성으로 끌어당김의 법칙을 믿고 있으며 상상한 모든 걸 이룰 수 있다고 말한다. 단 매일 상상하고 행동에 옮겨야 한다고 전제한다. 그것도 막연히 '부자가 되면 좋겠다'가 아니라 '나는 부자다'라고 현재 시제로 확언해야 한다.

백만장자를 넘어 억만장자가 되고 싶은가? **성공의 방정식 'R(Realization)=VD'(Vivid Dream) 와 'I(Imagining)=CR'(Create Reality)를 기억하라. 전자는 '생생하게 꿈꾸면 실현된다'이고, 후자는 '상상력이 현실을 창조한다'라는 말이다.** 케네디 대통령이 달에 인간을 보내겠다고 상상했고, 결국 아폴로호를 타고 닐 암스트롱이 달에 도착해 발자국을 남겼다. 그 당시만 해도 달 탐사 계획은 상식적으로 생각해도 이성적으로 판단해 봐도 믿기 어려운 공상 또는 망상에 불과했지만 현실이 됐다.

성공의 시작은 생각에서부터 시작되고 행동으로서 마무리된다. 사는 대로 생각하며 살 것인가? 아니면 주도적이며 능동적으로 내 삶의 주인공으로서 모든 행동을 책임지며 생각하는 대로 살아갈 것인가? 한 번쯤은 자문해 보길 바란다.

   인생의 목적은 두 가지 명제로 시작된다. 'Who am I?', 즉 존재 탐구에 대한 물음이고, 둘째는 'How to Live?', 방법 탐구에 관한 질문이다. 우스갯소리로 인생에 세 가지 없는 게 있다고 한다. 철학적으로 정답이 없고 인간관계에서 비밀이 없으며 비즈니스에서는 공짜가 없다고 한다. 나는 부자다. 나는 억만장자다. 나는 행동하는 자이다. 나는 한번 한다면 하는 사람이다. 자신만의 긍정 확언으로 행동 편향을 한층 강화해 자기 인생의 성공 발자국을 남기길 기대한다.

CEO

골프 잘 치는 'CEO'가 성공한다

골프 잘 치는 'CEO'가 성공한다

가히 골프 전성시대다. 시즌에는 부킹이 하늘의 별 따기만큼 어렵다는 하소연이 귓가에 들려온다. 그린피가 상한가를 치고 있다느니, 인력난으로 캐디피가 고공행진 중이라니 부정적인 소식이 난무하지만 골프장은 연일 호황이란다.

골프는 지금은 많이 대중화됐지만 아직도 고급 스포츠로 인식된다. 철저하게 회원제로 운영되는 터라 회원에 대한 서비스가 핵심이라고 해도 과언이 아니다. 그럼에도 골프장의 콧대는 하늘 높은 줄 모르고 치솟는다. 서비스 질이 떨어져도 골프를 치겠다고 아우성이라 그럴 것이다.

하지만 골프장이 이런 현상이 영원할 걸로 생각한다면 착각이다. 우후죽순처럼 골프장이 건설되고, 반면 인구가 줄어들면 언젠가 골프 인구도 줄어들 게 뻔하다. 이 산수 수준 정도의 방정식조차 풀지 못한 청맹과니 같은 행동이 불러온 위기는 불을 보듯 뻔하다. 또 고객의 마음은 시시때때로 변한다는 사실을 명심하길 바란다.

골프는 매너 게임이다. 골프를 쳐보면 그 사람의 성품과 인격 그리고 성격까지 파악할 수 있다. 같은 맥락으로 골프장의 잔디 관리상태에서 편의시설 그리고 캐디의 서비스 마인드만 봐도 명문골프장인지 아닌지 파악할 수 있다.

골프와 CEO는 일촌 관계다. 비즈니스 골프란 말이 일반화될 정도로 사업 파트너와의 관계 유지에 중요한 스포츠다. 골프 대중화로 젊은층이 대거 유입됐지만 골프는 상류 스포츠임에는 틀림없다. 구력 10년 이상 골퍼들이 이구동성으로 토로한다. 전체적으로 골프 연령대가 영(Young)해진 것은 반기지만 골프 에티켓이 하향평준화된 것 같다고 일침한다. 이유인즉 스크린골프 대중화로 젊은층이 골프를 너무 쉽게 생각하고 있다는 지적이다. 필드에 나가서까지 스크린 골프를 치며 했던 비매너다운 행동들을 습관처럼 반복하고 있기 때문이다. 술도 주도가 있듯이 골프에는 특히 굿매너가 있어야 한다.

CEO의 소통창구이자 스트레스 풀기에 안성맞춤인 스포츠가 골프다. 잘 배워 놓으면 평생 할 수 있는 운동이다. 골프장에 가보면 노부부 골퍼가 그렇게 아름다울 수가 없다. 나도 아내랑 부부 라운딩을 즐긴다. 1년에 한 번은 부부동반 해외 골프를 갈 정도로 골프 마니아다. 2022년 4월13일 클래식한 골프장 양지 파인CC에서 아내의 머리(?)를 올려준 기억이 좋은 추억으로 남아 있다. 만개한 벚꽃에 봄비까지 내려 운치가 더한 골프 라운딩으로 사랑하는 아내에게 평생 기억에 남을 추억거리를 만들어줘 뿌듯한 마음이다. 성공하려면 골프는 필수라고 생각하는 일인이다.

  골프는 참 예민한 운동이다. 매 샷마다 정신을 집중하지 않으면 여지없이 결과로 이어진다. 싱글골퍼가 되고 싶지만 내기 골퍼를 위해서라면 반대한다. 골프는 마인드컨트롤 게임이며 자신과 싸우는 극기의 최고봉인 스포츠다. 프로의 세계에서 1미터짜리 퍼터를 실수해 수억 원의 우승 상금을 놓쳐버린 비운의 골퍼 선수도 있다. 인생 희로애락을 맛볼 수 있는 골프학 개론의 매력 속으로 빠져들길 추천한다.

CEO

부의 추월차선

부의 추월차선

세상이 참 많이 변했고, 시시때때로 변하고 있다. 팬데믹 코로나 영향으로 디지털화가 적어도 10년 정도 앞당겨졌다. AI화, 플랫폼화, 블록체인화, 메타버스화, 유튜브화, 드론화 등등. 일하지 않아도 자동으로 돈이 들어오는 e파이프라인을 구축해 조기 은퇴한 파이어족(FIRE, Financial Independence Retire Early, 경제적인 자립을 추구해 일찍 직장을 은퇴하기를 희망하는 사람)이 늘어나고 있다. 가상화폐에 투자해 대박 난 30대, 100만 구독자를 확보한 인플루언서 유튜버, 플랫폼 사업으로 억만장자가 된 CEO가 신흥 부자로 등극하는 요즘 세상이다.

근검절약하고 저축하면 언젠가는 부자가 된다는 사회적 통념이 이젠 진부하게 느껴진다. 아직도 국민 대다수가 이러한 아날로그 방식의 인도로만 가고 있어 부자의 길은 멀어 보인다.

1960년대에 태어나 1980년대에 대학을 다니고 1990년대에 30대였던 386세대가 지금 사회 지도층에 대거 포진해 있다. 이들 386세대의 자식들은 지금 우리 사회의 젊은 층을 상징하는 MZ세대다.

그런데 문제는 아날로그적 사고를 하는 386세대 부모와 디지털적 사고를 하는 MZ세대 자식 간의 세대 차이(Generation Gap)가 요즘 우리 사회의 '뜨거운 감자'로 떠오르고 있다. 하늘과 땅만큼이나 격차가 큰 세대 차이를 좁혀야 신세계를 열어갈 수 있다. 부모가 '요즘 젊은이들은 버르장머리가 없다'라고 하면, 자식은 '잔소리만 하는 꼰대다'라고 맞받아친다. 노인과 청년이 멘토와 멘티로 공감, 공유, 소통해야 사회적 잡음이 없어진다. 혜량하는 마음으로 서로 가치관이 다름을 인정해야 한다. 특히 기성세대는 MZ세대의 인도만이 아닌 서행이나 추월차선도 적극 이용하는 도전정신을 무모하다는 말로 무시할 게 아니다. 시야를 넓혀야 한다.

특히 부자가 되는 길도 마찬가지다. 전통적인 인도만 있는 게 아니다. 서행 차선과 추월차선도 있다. **성공하려면 과감하게 부의 추월차선에 올라타야 한다.**

시간을 담보로 미래를 저당 잡혀 사는(?) 샐러리맨의 삶이 전부라는 평범함을 거부하자. 생각하지 않고 살아가는 대로 생각하는 95%의 수동적인 사람은 자린고비 식의 절약 정신으로 중

무장해 인도로만 간다. 생각한다고 착각하며 사는 3%의 약간의 자기 주도적인 사람은 자기만의 라이프 스타일을 추구하면서도 저축을 기본으로 주식과 펀드, 경매와 부동산에 투자하며 서행 차선으로 부를 쌓아간다. 사고하며 살아가는 2%의 능동적이며 창의적인 사람만이 CEO가 되어 추월차선으로 부의 사다리를 오른다.

1인 창조기업이라 할지라도 CEO가 되자. 업종불문이요, 규모도 상관없다. 나 주식회사의 사장이 되어 올인하자. 내가 선택하고 결정하고 모든 걸 책임지는 최고 의사결정권자가 되자. 회사가 내 미래를 책임지는 시대는 이제 끝이 났으니, 내가 나를 책임지자. 규모의 경제가 아니라 아이템과 콘텐츠에 승부를 걸자. 넘버원이 아니라 온리원의 회사를 창업하자. 시스템을 깔고 사람을 모아 100년 이상 장수하는 기업을 만들어 역사에 이름을 남기자.

이왕이면 젊은 억만장자가 되어 은퇴하자. 인생 100세 시대이니 늦어도 50대 이전에 파이어족이 되자. 부자는 마음먹기에 달렸다. 부자를 시기만 할 것이 아니라 존경의 대상으로 삼아 나도 부자가 되겠다고 마음부터 고쳐먹자. 시작이 반이라고 생각의 단추부터 끼우자. 추월차선의 사다리에 올라타자. 성공 확언부터 만들어 무의식과 잠재의식에 심어보자. "나는 억만장자가 되어 성공 메신저로서 롤모델이 되어 세상에 공명을 전파하겠다"가 내가 매일 외치는 성공 확언이다. 이미 나의 뇌는 현재 나를 부자이며 장차 억만장자가 될 것으로 알고 있다. **뇌를 리셋해서 부의 소프트웨어를 설치하면 부의 추월차선에 올라탈 수 있다.** 눈에 보이지 않는 의식개혁 작업이 그만큼 힘들다. 조금씩 아침 확언으로 시작해 부의 소프트웨어를 설치하기 시작하면 자기도 의식하지 못하는 사이 세포 전체로 순식간에 퍼져나가 성공을 당연하게 받아들이게 될 것이다. 내가 부를 끌어당기고 원했으니까 이뤄지는 것은 당연한 이치다. 믿고 실천하면 된다. 나머지 선택의 몫은 당신이 하기 나름이다.

CEO

부자처럼 생각하고 행동하라

부자처럼 생각하고 행동하라

성공 법칙은 반드시 존재한다. 다만 대부분의 범인들이 모르기 때문에 성공은 상위 1%의 전유물로 치부된다. 전 세계 흩어져 있는 소수 민족인 유대인이 세계의 돈을 움직이고 있다는 사실은 부자들에게 익히 알려져 있다. **성공과 부는 누구에게나 열려 있으며 기회는 공평하다. 지금부터 성공해야겠다. 부자가 되어야겠다고 결심하라. 시작이 반이다. 성공의 첫 단추부터 꿰어보자. 천리도 한걸음부터고, 한 방울의 낙숫물이 바위를 뚫는 법이다. 마음과 에너지를 성공에 집중해 지속적으로 행동에 옮기면 언젠가는 반드시 실현된다.**

성공 법칙 가운데 론다 번이 설파한 '끌어당김의 법칙'은 전 세계적으로 알려져 있고 강의와 영상으로 소개돼 꽤 설득력을 얻고 있다. 성공학의 대가 밥 브록터도 끌어당김의 법칙의 신봉자이다. 그는 "나는 지금 너무 행복하며 감사하게 생각하고 있습니다. 지속적으로 다양한 경로를 통해 더욱더 많은 돈이 들어오고 있습니다."라고 자기암시를 하면 반드시 현실로 나타난다고 한다. 자기가 원하는 것을 끌어당기면 모든 걸 실현할 수 있다는 형이상학적인 이론이지만 불가사의하게도 결과로 입증되고 있다.

억만장자이자 세일즈 컨설팅의 대가 그렌트 카돈은 그의 베스트셀러 《10배의 법칙》에서 "부자가 되려면 10배 더 많은 생각과 10배 더 많은 행동을 하면 된다"라고 설파한다. 카돈의 성공 법칙은 너무나 현실적이만 실행하기가 쉽지 않다.

성공의 제1원칙은 성공한 사람들을 벤치마킹하는 것이다. 범인들이 성공하려면 노력, 끈기, 인내 3박자를 갖춰야 한다. 여기에 이지성 작가의 성공의 방정식 "R(Realization)=VD(Vivid Dream)(생생하게 꿈꾸면 실현된다)"를 믿어야 한다. 또한 "I(Imagenation)=CR(Create Reality)"(상상력이 현실을 창조한다)로 시각화해야 한다. 왜냐하면 이것이 성공의 법칙이기 때문이다.

현대그룹 창업주 정주영 회장의 레전드 성공 일화 "임자, 해봤어"의 행동 동기부여와 일류기업 삼성을 만든 장본인 이건희 회장의 "처자식 빼고 다 바꿔봐"의 혁신 동기부여는 대한민국 성공 명언의 양대 축이라 생각한다. 혁신을 행동에 옮기면 성공한다는 단순한 성공 법칙을 도출할 수 있다. 세상에 실존하는 무수히 많은 성공 법칙과 명언들이 있지만 핵심 키워드는 첫째 '믿을 수 있는가?'이고 둘째 '행동에 옮길 수 있는가?'에 달려있다. 마지막으로 '믿고 행동에 옮기는 일을 지속 가능할 수 있겠는가?'에 성공과 실패가 결정된다.

성공이 어려운 이유는 단 하나다. 사람의 성향과 습성 그리고 인격은 변하지 않는다는 속설때문이다. '평범하게 사는 것이 행복한 삶'이라는 자기 합리화가 체화돼 있고, '부자는 타고난다'라는 사회적 통념이 뼛속 깊이 배어있기 때문이다. 여기에 범인은 생각 없이 살아간다는 게 문제다. 생각하면서 주체적인 삶을 영위하는 게 아니라 살아가는 대로 생각하는 수동적이며 허수아비 같은 삶을 살아간다. 이것이 그들이 말하는 평범한 삶이다. 각성해서 고뇌해야 한다. 사고의 전환이 이뤄져야 한다. 의식을 깨워 잠재의식 속에 잠들어 있는 자아를 지성인으로 변화시키면 성공할 수 있다.

'성공은 나의 사명이자 의무이며 책임이다.' 내가 매일 하는 확언이다. 성공을 끌어당기고 온 마음을 성공에너지에 집중하면 반드시 실현될 것이다. 당신은 지금부터 부자다. 뇌가 당신을 실제로 부자라고 인식하게 각인하는 방법은 확언과 부자처럼 생각하고 행동하면 된다. 뇌는 현실과 상상을 구별하지 못하기에 가능한 방법이다. 단 지속적으로 반복해야 효과를 볼 수 있다는 것을 명심하길 바란다.

CEO

크리티칼 매스를 분출하라

크리티컬 매스를 분출하라

과거는 해석에 따라 바뀌고 미래는 결정에 따라 바뀌며 현재는 지금 행동하기에 따라 바뀐다.

과거의 나와 결별하겠다고 확언하고 지금 이 순간부터 스스로 바뀌겠다고 선언한 후 실천하라. 그러면 나 자신이 변화를 시작할 것이다. 새롭게 변화된 나 자신은 언젠가는 성공해서 부자가 되겠다고 마음만 먹으면 된다. 모든 건 맘 먹기다. 그 결과 미래는 당신의 뜻대로 이뤄질 것이다. 행복한 미래를 선택하고 결정한 후 행동에 옮기면 실현될 것이다.

성공에 필요한 것은 도전정신과 경험이다. 물론 무엇보다 앞서 중요한 것은 방향과 목표 설정이다. 이후 성공과 부를 선택하고 결정하면 절반의 성공을 이룬 셈이다. 여기에 **성공과 행복으로 가는 지름길 'LOVER(Learning, Owner Mind, Value,**

Energy, Responsebility)'를 체화하라. Learning(배움)은 평생 지속적으로 해야 하며, Owner Mind(오너 마인드)로 세상을 바라보는 통찰력을 갖추고, Value(가치) 있는 일을 Energy(에너지)를 갖고 실천하는 주도적이고 능동적인 삶을 살아가야 한다. 마지막으로 내가 한 모든 행동에 내가 'Responsebility(책임)'을 질 때 성공이 화답할 것이다.

핵분열 연쇄반응을 일으키는 데 필요한 최소한의 질량을 '크리티컬 매스(Critical mass=임계질양)'라고 한다. 성공에 안착하려면 임계질량을 폭발시켜야 한다. 99%의 문턱에서 좌절하고 마는 불특정 다수의 실패자는 모른다. 1%만 더하면 아니 한 발짝만 다가서면 그토록 열망했던 성공의 환희를 맛볼 수 있다는 것을. 이것이 우리네 인생사 아닌가. 원하는 대로 이뤄지지 않는 것이 인생이라는 걸 우리는 안다.

간절하게 성공 염원을 담은 피와 땀을 동반한 지독한 노력이나 스스로를 감동하게 만들고 여기에 끈기와 인내가 나를 1% 앞에서 멈추지 않게 이끌어 줄 때 크리티컬 매스가 폭발하게 된다. 성공한 사람들의 마지막 1%는 좌절의 순간 자기 동기화(Self Motivation)를 통해 자신과의 약속을 습관처럼 지키며 오뚝이 정신과 도전적인 자신감으로 골인 지점으로 인도한다.

크리티컬 매스를 쌓아나감으로써 당신 안에 내재해 잠자고 있는 거인을 깨워라. 쌓이면 언젠가는 터질 수밖에 없다. 준비하는 자에게 기회는 반드시 온다. 이를 위해 자기 자신을 무한신뢰하고 강한 자기애를 주무기로 나만의 길을 무소의 뿔처럼 개척해 나가면 된다. 누구에게나 중도에 포기하고 싶은 나태한 마음이나 좌절의 순간이 오기 마련이지만 포기하지 않고 성공을 향한 신념으로 이 고비를 넘어서야 한다. 고단하고 외로운 자신과의 싸움을 견뎌온 나는 결국 극기를 통해 영광된 미래를 향유할 것이다.

지금 이 순간부터 나 자신을 다시 돌아보자. 내가 진정으로 원하고 미래에 되고 싶은 진짜 나를 상상하라. 상상 속에 실현된 또 다른 내 모습이 현재의 내 가슴을 뛰게 만드는가? 그것이, 그 열망이, 그 무엇이 당신을 성공으로 이끌 것이다.

THE CEO

2장

책 읽는 'CEO'가 성공한다

SUCCESS

불혹에 책에 미치다

불혹에 책에 미치다

　나는 지금부터 10년 전인 2013년 무렵, 우연히 책 한 권을 만났다. 정민 교수가 지은 《미쳐야 미친다》이다. 공자가 《논어》에서 말한 어떤 유혹도 견뎌내며 갈팡질팡하지 않는다는 불혹(不惑)의 나이였을 때다. '조선 지식인의 내면 읽기'라는 부제가 달린 이 책은 내 머리를 둔기로 힘껏 내리쳤다.
　조선시대 선비들이 학문과 신념을 위해 얼마나 열정적으로 사는지를 다룬 이 책은 잡지 기자로 매너리즘에 빠지기 시작한 나를 담금질했다. 이 책에 등장하는 선비들이 자기 분야에서 최고가 되기 위해 노력하는 모습은 내게 최고의 CEO 전문기자가 되기 위해 몸부림을 쳐보라는 강력한 감동의 시그널이었다.
　특히 제목 '미쳐야 미친다'의 의미가 남다르게 와닿았다. 앞의 '미쳐야'는 우리가 흔히 생각하는 미칠 '광(狂)' 자의 의미이고,

뒤의 '미치다'는 다다르다는 의미의 미칠 '(及)' 자란다. 여기서 내가 평생 간직하는 말 '불광불급(不狂不及)'이 나온다. '불광불급'은 '과유불급(過猶不及)이라는 말을 비꼬아서 내가 즐겨 쓰는 표현이다.

과유불급은 알다시피 공자의 《논어》에서 유래한 말이다. 공자가 제자 자공에게 물었다. "자장과 자하 중에 누가 더 낫습니까?" 공자가 답했다. "자장은 지나치고, 자하는 미치지 못한다." 자공이 다시 물었다. "자장이 낫다는 말씀이십니까?" 공자가 답했다. "지나침은 미치지 못한 것과 같다."

그렇지만 나는 지나치든 미치지 못하든 일단 미쳐서 다다르고 봐야 한다고 생각한다. 정민 교수의 《미쳐야 미친다》는 내게 일단 목표에 다다르기 위해 미치기부터 하라고 일갈했다. 그럼 어떻게 미쳐야 할까. 그렇다. 목표에 미치기 위해서는 무엇보다 앎이 중요하다고 생각했다. 그래서 독서를 시작했다.

그때 나는 주말이면 답답한 시티라이프를 벗어나 힐링을 위해 가족들과 자연을 찾아 캠핑을 떠났다. 지금도 그렇지만 그야말로 캠핑 대세였는데, 나도 이 트렌드에 뒤지지 않으려고 기를 쓰고 캠핑을 떠났던 거 같다.

캠핑을 떠나려면 야외에서 숙박을 해결해야 하는 만큼 준비물이 많다. 이때 나는 가장 먼저 챙기는 게 있었다. 캠핑장에서 읽을 책이었다. 무슨 일이 있어도 반드시 가장 먼저 책을 챙겼고, 갖고 간 책은 꼭 읽었다.

나는 처음에는 쉬운 성공한 위인들의 자서전을 읽었다. 이후 자기계발서를 시작으로 철학, 인문학, 심리학, 역사학 등 문사철을 두루 섭렵했다. 스티브 잡스가 말한 'The Connected Dots'의 의미를 깨닫기 시작하면서 사고의 확장을 느꼈다. 리딩(Reading)은 사고(Thought)다. '책을 읽는다'는 것은 '생각한다'는 것을 의미함을 알았다. 사람들이 그토록 싫어하는 생각하기가 독서를 통해 몸에 체화된 것이다.

성공학의 대부 나폴레온 힐의 '생각하라, 그러면 성공할 것이다'의 명언의 의미를 알았다. '생각한다'는 것은 주도적이고 능동적인 삶을 영위한다는 것의 다른 표현이다.

내가 주인공인 삶을 살아야 한다. 살아가는 대로 생각하는 것이 아니라 내가 생각하는 대로 인생을 살아간다고 감히 말할 수 있다. 이게 핵심이다. 책을 읽는 이유다.

내 책을 읽고 동기부여를 받아 당신도 책을 읽고 생각하는 주인공의 삶을 살아간다면 난 행복할 것이다. 선한 영향력이 공명을 일으키며 널리 퍼질 것이기 때문이다. 마치 도미노처럼 나비의 날갯짓처럼 그 파급력은 메가톤급이 될 것이다. 뜻을 함께하는 동지이자 파트너이자 친구이자 영혼의 동반자를 만나 지적 교류를 공유하면서 행복한 동행을 하는 것이 나의 바람이다.

그런데 요즘 출판업계는 울상이다. 어느 중소 출판사 사장은 사람들이 아예 책을 읽지 않는다고 하소연한다. 아무리 좋은 책을 출간해도 서점을 찾는 고객이 갈수록 줄어든다고 한다. 유튜브의 강세 속에 손가락만 까딱하면 볼거리가 눈앞에 펼쳐지는 요지경 세상에 아날로그 방식인 독서로 지적 유희를 즐기는 지성인이 몇이나 될까? 의문이 들기도 한다. 책을 읽으며 한 장씩 페이지를 넘길 때마다 느껴지는 종이의 감촉을 난 너무 좋아한다. 이북이나 오디북도 있지만 내가 직접 책을 사서 읽는 이유이기도 하다. 마흔 살부터 읽은 책은 대략 천여 권 정도 된다. 정독하는 스타일이라 내 인생 책이라면 여러 번 읽는다. 여기서 포인트는 읽을 때마다 느낌과 감동 그리고 메시지가 다르게 전해진다는 점이다.

　난 항상 서재에 책을 잔뜩 쌓아놓고 그때 상황에 반응해 에너지가 통하는 책을 골라 읽곤 한다. 특히 여행 때 읽는 책은 뇌에 오래 기억돼 책 선택부터 신중을 기한다. 짧은 여행 기간 동안 깊은 깨달음을 얻은 적이 여러 번이다. 작가와 내가 일심동체가 되어 지적 에너지를 공유할 때 무한한 희열감을 느낀다. 작가와의 지적인 의식교류를 경험해 본 사람만이 이 느낌을 안다. 내가 한 단계 성숙해진 것을 참나가 알아차린다. 그래서 배움을 평생해야 하며 인생의 참의미를 깨달아야 후회 없는 삶을 살았노라고 독백할 수 있을 것이다. **독서하라! 사고가 바뀌고 감정이 바뀌고 행동이 바뀌어 인생 전체가 변화할 것이다.**

늦은 나이에 독서를 통해 만학의 즐거움을 깨닫게 된 나는 감히 독서광임을 자부한다.

SUCCESS

생각하라, 그러면 부자가 된다

생각하라, 그러면 부자가 된다

"생각하라! 그러면 부자가 되리라."

　철학자 데카르트의 명제 "생각하라, 고로 존재한다"를 비슷하게 패러디한 문장임을 단박에 알아차렸겠지만, 이 명제가 당신에게 주는 임팩트가 결코 작지 않음도 느꼈으리라.

　성공에는 필연 법칙이 있다. 바로 '생각하기'이다. 누구나 사고만 하면 성공할 수 있다. 이 명제는 내가 한 말이 아니라 성공학의 대가 나폴레온 힐이 쓴 '생각하라! 그러면 부자가 되리라'라는 책 제목이다. 나폴레온 힐은 꿈의 실현 법칙을 부와 연관 지어 설명한다. 그는 강한 신념, 자기암시, 소망, 결단, 계획을 키워드로 실행에 옮기면 부자가 될 수 있다고 열변을 토한다.

　사람들 대부분은 '생각하면 부자가 된다'란 명제 자체에 의구심부터 갖는다. 나도 처음엔 당신들처럼 그렇게 생각했다. 하지만 지금은 절대 아니다. 그의 말에 전적으로 동감한다. 생각하면 누구나 부자가 될 수 있다. 사고와 부는 연결되어 있다. 성공한 세계적 CEO들의 전기를 읽으면서 얻은 내 나름의 통찰이다.

IBM의 토마스 왓슨, 애플의 스티브 잡스, 마이크로소프트의 빌 게이츠가 사고의 힘으로 억만장자가 된 장본인이다. 이들은 과연 성공하기 위해 '무슨 생각을 어떻게 했을까.' 고민부터 했다. 로댕의 생각하는 사람이 상징하는 것처럼 절실한 진지함이 스며 있었다.

생각하기에 올인해 보라. 사람의 생각 능력은 측정할 수 없지만 생각하는 순간 생각 에너지 파동이 우주 아카이브(지식 보물 창고)에 전달돼 성공문을 열어 준다.

이 말이 다소 기이하다거나 형이상학이라고 폄훼할지 모르겠는데, 속는 셈 치고 들어보길. 생각은 '염체(念體, 생각 에너지)'라는 형이하학적 측면에서 이해해야 한다. 인간이 만들어 낼 수 있는 모든 염체를 성공에너지 주파수에 연결하면 부자가 될 수 있다. 사람은 생각하는 동물이기 때문이다. 사람마다 생각하기도 다르다. 다양한 개성만큼이나 생각하기가 사람마다 차이가 난다.

인간의 삶을 정글의 법칙인 적자생존의 원리에 비유해 보면, 누구는 대통령, 누구는 오피니언 리더, 누구는 CEO가 되어 리더로서 권위와 명예 그리고 부를 누리며 행복하게 살아간다. 반면 사람들 대부분은 아무 생각 없이 그저 리더의 지시를 받으며 수동적이고 복종적인 삶을 살아간다. 그런데 리더와 보통 사람을 구분하는 경계는 바로 생각하느냐 안 하느냐라는 점이다.

물론 아무리 보통 사람이라 해도 생각을 안 하는 사람이 어디 있겠느냐고 반문할지 모르겠는데, 생각도 생각 나름이다. 절실하면 통한다고 하지 않은가. 리더가 되기 위한, 또 리더로 성공하기 위한 생각하기를 해야 한다. 태어날 때부터 리더라고 정해지지 않는다. 물론 가정 환경이나 이런 조건에 따라 다를 수 있지만, 인간은 태어날 때 누구나 백지다. 그 백지에 어떤 생각 그림을 그리느냐에 따라 달라진다. 성공 CEO의 일대기를 보면 으레 만나게 되는 태어날 때부터 남다르다는 표현을 액면 그대로 보면 안 된다. 다 나중에 갖다 붙인 견강부회적 해석일 가능성이 높다.

그래서 지금의 현실을 보고 실망하기에는 이르다. 생각과 부의 필연 법칙을 인정하고 체화시키면 된다. 지금 이 글을 접한 순간부터 곰곰이 생각의 세계에 빠져들면 된다. **나는 누구이며 존재 이유는 무엇이며 무엇을 원하고 있는지 자문해 보라. 바로 사고의 메커니즘이 작동하게 될 것이다. 사고의 체계가 잡히면서 서서히 행동에서부터 작은 변화가 일어나기 시작할 것이다.** 세상이 다르게 보이기 시작하며 삶의 의미를 깨닫고 행복 가치의 소중함을 알게 될 것이다. 종교적으로 접근해 보면, 불교에서는 득도, 해탈의 경지에 이른 것이고, 기독교는 성령이 왕림해 하나님의 삶을 살아가는 거다. 인문학적으로 해석해 보면, 성인 군자, 철학자, 선지자의 삶을 영위하는 것에 비유된다.

  부의 기준은 물질적이냐 정신적이냐 차이만 있을 뿐이다. 생각하면 누구나 부자가 될 수 있다. 소크라테스가 말했다. "너 자신을 알라!" 인간은 평등하게 태어났지만 후천적 사고능력에 따라 부자와 빈자로 상반된 삶을 살아간다. 화제의 드라마 〈펜트하우스〉가 시즌3까지 제작되면서 공전의 대히트를 기록했다. 부에 대한 인간의 욕망과 집착이 이토록 인기를 끌었다는 사실에 대해 어떻게 생각하는가?

  삶의 목적은 저마다 다르겠지만 기본적으로 사람은 성공과 부 그리고 건강과 행복을 원한다. 자신의 꿈이 무엇인지? 내가 진정 원하는 삶이 무엇인지? 나의 가치관은 무엇인지? 한 번쯤 자신에게 질문을 던져 보길 바란다. 자아와의 대화의 시작이 곧 사색의 출발점이며 변화의 신호탄이다.

SUCCESS

세상을 보는 나의 시선

좋은 눈이 더 있어야

 코로나19 팬데믹이 한창이었던 2020년 〈교수신문〉에서 교수들의 의견을 모아 올해의 사자성어로 '아시타비(我是他非)'를 뽑은 적이 있다. '나는 옳고 상대는 틀렸다'란 뜻이다. 공감, 공유, 소통의 시대에 어울리지 않은 어처구니없는 말이 아닐 수 없다. 이 사자성어는 요즘 우리 사회의 빅히트 유행어 '내로남불'(내가 하면 로맨스이고 남이 하면 불륜이다)에 비유하기가 안성맞춤이다.

 우리 사회의 일그러진 모습을 보는 것 같아 한숨만 나온다. 안타깝다. 상아탑 리더들이 고심하고 고심해서 선택한 용어라 더 절실하게 우리의 모습을 반영하는 듯하여 씁쓸하다. 전례가 없었던 코로나19 팬데믹 상황이 세상을 요지경으로 몰아간 거 아닌가 싶다. 세상이 어지러울 때일수록 사회와 사람을 냉철하고 객관적으로 바라볼 수 있는 마음의 눈, 즉 통찰력이 필요하다.

건축가는 가장 전망이 좋은 곳에 창을 낸다고 한다. 항상 좋은 풍경을 감상하면서 좋은 생각을 하도록 하려는 의도이리라. 사람도 마찬가지다. 누구나 마음의 창으로 세상을 본다. 하지만 그 마음의 창이 어떤가에 따라 바라보는 세계는 천양지차의 모습을 띠게 마련이다. 많은 보통 사람은 언제나 자기 내면에 형성된 프레임에 갇혀 세상을 본다. 드러난 피사체의 모습은 흔한 말로 물 '반 컵 밖에'와 '반 컵이나'의 차이를 드러낸다. 아울러 자기 프레임 속에 들어온 세상이 전부라고 착각한다.

우리 내면에 형성된 프레임 중 위험한 게 있다. 바로 '고정관념'이라는 프레임이다. 고정관념은 "마음속에 굳어 있어 변하지 않는 생각"이라는 사전 풀이가 시사하듯 자신을 특정 생각에 매몰시킨다. 그 매몰된 생각은 시시각각 바뀌는 변화를 업데이트하지 않고 그대로이므로 '내로남불' 같은 요지경 세상만 볼 가능성이 크다.

세상을 바라보는 시선은 냉철한 철학자의 가슴이어야 한다. 이성적이고 합리적인 프레임으로 세상을 바라보는 통찰력과 혜안이 필요한 거다. 이런 맥락에서 현대그룹 창업주 정주영 회장의 어록 "임자! 해보기나 해봤어~" 식의 행동 접근 프레임이 중요하다고 본다.

위기는 리스크인 동시에 기회의 또 다른 표현이다. 정 회장의 접근 프레임으로 세상을 냉철하게 직시해 보면 분명 숨은 기회가 있다. 1998년 IMF 외환 위기와 2008년 글로벌 금융위기를 극복한 후 글로벌 경기는 그야말로 상승곡선을 그리며 호황을 누려왔다. 이후 전례가 없었던 2019년 코로나 팬데믹 사태로 지구촌이 홍역을 앓았고, 지금은 언제 그랬냐는 듯이 평화로운 세상이다. 시간은 흘러 역사를 만들고 과거는 잊히기 마련이다.

고령화 시대 진입과 저성장 기조의 지속에 따라 밀레니얼 이코노미 세대는 부모보다 가난한 세대가 될 것이라는 우스갯소리가 들려오고 있다. 밀레니얼 이코노미 세대는 1981년생부터 1996년생으로 대변되는 세대다. 58년 개띠 베이붐 세대를 부모로 둔 밀레니얼 세대는 그 어느 세대들보다 풍족하게 자랐고 많이 배웠지만 취업난에 힘들어한다. 여기에 고공행진하고 있는 부동산 가격에 내 집 마련할 엄두도 못 내는 이들은 결혼은 하되 의도적으로 아이를 갖지 않고 사는 '딩크족'(DINK, 'Double Income, No Kids'의 약자)과 '한 번뿐인 인생 지금 행복을 찾아 즐기자는 '욜로족'(YOLO, 'You Only Live Once'의 약자)으로 대변되는 가치관을 추구하며 살아가고 있다. 부모 세대의 정년 연장으로 대기업과 공기업 등 좋은 직장에 진입할 기회마저 뺏기고, 국민연금 고갈을 걱정해야 하는 밀레니얼 이코노미 세대들의 한숨이 깊어지고 있다. 세대교체가 언제쯤 이뤄질지 오리무중이다. 참 요지경 세상이다.

어떤 일을 시작할 적에 갖춰져야 완성할 수 있는 삼박자가 있다. 제도, 사람, 리더십. 조직이 성공하려면, 첫째, 시스템이 잘 갖춰져 있어야 하고, 둘째, 유능한 인재를 모아야 하며, 마지막으로 이들을 이끌 유능한 CEO의 탁월한 리더십이 필요하다. 프랑스가 낳은 위대한 정복자 나폴레옹 보나파르트는 유년 시절 알렉산더대왕, 카르타고의 명장 한니발, 카이사르를 읽으며 황제의 꿈을 키웠고, 결국 프랑스 제1제국의 황제에 올랐다. '내 사전에 불가능이란 없다'란 그의 불후의 명언이 메아리로 다가온다.

당신의 가슴속엔 사랑과 감정이 충만한가? 100세 시대를 현명하게 살아가는 유일한 길은 매사에 사랑하며 감사하며 살아가는 거다. 가장 먼저 자기 자신을 사랑해 자존감을 높여야 한다. 사랑으로 자신의 가치를 높여 하루를 충실하게 살면 세상만사가 행복으로 가득할 것이다. 타인에 대한 사랑으로 더욱더 삶이 풍성해지고 충만해질 것이다. 내가 원했으니까 난 행복한 사람이다.

SUCCESS

인문 고전으로 리딩하라

인문 고전으로 리딩하라

　세상을 지배하는 상위 1% 리더들의 특징을 살펴보면 한 가지 공통 분모가 발견된다. 이들 대부분은 인문 고전을 읽는다는 점이다.
　인문 고전이 생각보다 쉬운 책은 아니다. 한때 밀리언셀러를 기록하며 우리 사회에 '정의' 열풍을 불게 한 하버드대 마이클 샌델 교수의 《정의란 무엇인가》를 읽어본 적 있는가. 나는 솔직히 이 책을 무척 어렵게 읽었다. 다 읽고 나서도 정확하게 이해했을까 싶었다. 나의 무지 탓이 아닌가 싶어 이런 독후감을 아무에게도 하지 못하고 끙끙 앓던 어느 날 친구의 입에서 이 책이 너무 어렵더라는 말이 나왔다. 너무도 반가웠다. 동지애까지 느낄 정도였다. 그날 나는 나도 모르게 내 입에서 이 책의 난해함을 폭포수처럼 쏟아놓았었다.

사실 이 책이 백만 부나 나갈 만큼 대중적이었는가, 책을 산 사람 모두 제대로 읽기나 했었을까, 싶지만 지적 허영이 불러온 아이러니라는 생각이 들긴 하다. 그래도 이런 책이 밀리언셀러라는 게 우리 독서 문화의 수준을 보여주는 거 같아 반갑긴 하다.

얘기가 살짝 샜는데, 이 나의 독서 경험은 인문서를 읽기가 결코 녹록치 않음을 말하려는 거였다. 인문서는 철학적인 내용과 사상을 담고 있어 이해하기 어렵다. 하지만 인내심을 갖고 이들 책을 읽어내면 그만큼 얻는 것도 많다. 그래서 나는 소크라테스, 플라톤, 아리스토텔레스, 데카르트, 루소, 존 로크 같은 세기의 천재들의 저서를 읽고 온몸으로 느껴보라고 말하고 싶다. 이런 책을 읽으면서 우리의 뇌를 그들과 같이 변화시킬 때 당신은 큰 성공에 이를 수 있는 성공문 앞에 서 있게 된다.

독일 시골 마을의 목회자 카를 비테는 지적 능력이 좀 덜한 아들을 교육하기 위해 어려서부터 위대한 천재들이 집필한 인문 고전을 읽도록 했다. 결과저으로 카를 비테 주니어는 천재로 성장했으며, 베를린 대학 법대 교수가 되어 시대를 대표하는 천재로서 이름을 떨쳤다고 한다.

카를 비테가 쓴 인문 고전 독서 교육법은 훗날 하버드대 교수가 직접 자기 아들에게 적용한 결과 예상대로 천재가 되어 14살의 어린 나이에 하버드대에 입학했다고 한다. 참 믿기 어려운 이야기 같지만, 이것이 바로 인문 고전 독서의 힘이다.

인문 고전 중에서도 철학책을 많이 읽어 우리의 뇌를 새롭게 리셋하여 신세계를 열어갔으면 좋겠다. 내 경험에 따르면 동양철학과 서양철학의 시조라 할 수 있는 '공자'와 '소크라테스'를 만나 이들과 정신적 대화를 나누고 의식을 교류해 뇌를 새롭게 정비할 수 있었다. 공자의 '논어'에서 삶의 지혜를 얻고, 소크라테스의 책에서 '너 자신을 알라'의 참 의미를 깨우쳤다.

인문 고전 독서의 힘은 노벨상을 가장 많이 배출한 시카고 대학의 교육에서도 찾아볼 수 있다. 삼류대학이었던 시카고 대학의 로버트 허친스 총장은 '세계의 위대한 고전 100권을 암기하지 않은 학생은 졸업할 수 없다'라는 소위 '시카고 플랜'을 가동했다. 대학 4년 교육과정을 인문 고전 독서로 커리큘럼을 만들었던 거다. 그 결과 시카고 대학을 '노벨상 왕국'으로 만들었다.

한국 경제사에서 가장 위대했던 CEO인 삼성의 창업주 이병철 회장과 현대 창업주 정주영 회장 또한 인문 고전 예찬론자였다. 인재경영을 펼쳤던 이병철 회장은 《논어》를, 현장경영의 신봉자 정주영 회장은 《채근담》과 《대학》을 통해 대한민국 최고의 CEO가 될 수 있었다.

인문 고전이 특히 경영에서 진가를 발휘하는 것은 인문 고전이 수천 년 동안 각 시대의 리더들에게 검증받은, 인간 최고의 지침서이기 때문이다. 각 시대의 리더들은 문학 고전을 통해서 인간의 마음을, 철학 고전을 통해서 인간의 생각을, 역사 고전을 통해서 인간의 삶을 배웠다. 그 배움을 통해 당대를 넘어 시대를 초월하는 천재로서 그 명성을 떨치며 지금까지 영향력을 떨치고 있다.

인문 고전 독서 예찬론자이자 《리딩으로 리드하라》의 저자 이지성 작가는 "천재들의 인문 고전 독서법의 핵심인 '반복 독서-필사-사색'은 '깨달음'을 향해 있다. 이는 곧 '깨달음'이 있는 독서를 해야 천재가 될 수 있다는 의미다. 깨달음이 있는 독서란 책을 쓴 사람의 마음을 이해하는 것이요, 그의 정신과 하나가 되는 것이다. 쉽게 말해서 인문 고전의 저자와 동일한 수준의 사고능력을 갖는다는 것이다"라고 강조한다.

성공한 CEO가 되려면 인문 고전을 읽어보라고 추천하고 싶다. 파울로 코엘류 명저 《연금술사》에서 양치기 소년 산티아고가 자아 신화를 찾아 여행을 떠나듯이 글로벌 상위 1% 기업의 CEO가 되기 위해 인문 고전 세계로의 여행을 떠나보길 권해본다. 독서가 당신을 성공의 세계로 안내해 줄 나침반이 되어 줄 것이다.

SUCCESS

자기로부터의 혁명

자기로부터의 혁명

철학적인 사유의 관점에서 '나'에 대해 고찰해 본다. 내가 바뀌어야 세상이 달라 보인다. 고로 세상은 나를 중심으로 움직인다. 나는 이 세상의 주인공이다. 타인을 위한 삶이 아니라 오로지 나 자신을 위한 삶을 살고 있다고 자부할 수 있겠는가?

사유해 본다. '고기토 에르고 숨(cogito ergo sum)'. 17세기 합리론의 창시자 르네 데카르트의 명제 '나는 생각한다. 고로 존재한다.'이다. 풋내기 철학도가 판단하기에도 참 기가 막히게 진리를 대변하고 있다.

서양철학의 기둥 소크라테스도 말하지 않았던가. 너 자신을 알라고. 나 자신을 누구보다도 알고 있다고 확신할 수 있는 사람이 몇이나 될까, 의구심이 든다.

"네가 나를 모르는데 난들 너를 알겠느냐. 한 치 앞도 모두 몰라 다 안다면 재미없지. 알몸으로 태어나서 옷 한 벌은 건졌잖소. 한세상 걱정조차 없이 살면 무슨 재미. 그런게 덤이잖소."

읽는 순간 멜로디를 흥얼거릴 만큼 크게 히트한 김국환의 '타타타' 노래 가사다. 기막히게 우리의 인생사를 잘 표현하고 있다.

사람은 누구나 변화를 꿈꾼다. 하지만 고정관념과 편견에 길들인 '나'를 바꾸기란 쉽지 않다. 인간의 타고난 성향은 바꿀 수 없다. 고로 사람은 절대 바뀌지 않는다. 대체적으로 수긍이 가지만 예외는 있다. 자기로부터의 혁명을 시작해 보자. 혁명적으로 '나'를 개선해 보자. 완전히 다른 또 다른 나의 모습으로 탈바꿈하는 것이다. 올챙이가 개구리가 되고 애벌레가 나비가 되듯이 새로운 모습으로 재탄생해 보자.

가장 먼저 해야 할 일은 생각하기다. 생각하기 좋은 방법은 독서다. 본인의 취향에 맞는 책을 읽음으로써 자연스럽게 작가의 의도를 파악하게 될 것이다. 여행도 나 자신과의 대화에 좋은 방법이다. 자기 자신에게 말을 걸음으로써 나 자신을 알아가게 되는 것이다. 나아가 철학적인 사유인 존재 이유와 삶의 목적에 대해서 진지하게 고민해 보면 된다. **타성과 관성에 젖어있던 기존의 시선과 나만의 프레임을 재정립해 보자. 새로운 세상이 보일 것이다. 변화하겠다고 마음먹은 순간 당신은 변하게 될**

것이다. 자기로부터의 혁명을 시도하라.

　오늘 내가 행복하겠노라고 생각하는 순간 나는 행복할 것이다. 나는 긍정의 왕이라고 자기 확언을 시작하라. 나는 내가 원하는 것을 반드시 성취한다고 믿어라. **자기 자신에 대한 무한신뢰와 강한 자기애로 자신감을 가져라.** 그러면 자존감 충만하게 재탄생된 내가 자기 결정권을 갖고 주도적인 진짜 삶을 살아가게 될 것이다. 보편적인 이념과 사회적 가치의 경계에 서서 내 삶의 주인공으로서 항상 당당하게 살아가라. 주체적인 내가 나의 욕망에 충실하며 자유롭게 사유하는 나 자신을 응원한다.

SUCCESS

그리스인 조르바처럼 살아라

그리스인 조르바처럼 살아라

　내가 애정하는 책이 많이 있지만 이 중 니코스 카잔자키스의 《그리스인 조르바》는 특별히 더 애정한다. 나는 이전에 읽었던 이 소설을 지성인이라면 한번쯤 읽어보라고 권하고 싶다. 한국외대 그리스학 유재원 명예교수가 70년 만에 한국 최초로 그리스어 원전을 번역해 문학과지성사에서 2018년에 낸 책을 몇 해 전에 다시 읽으니 감회가 새롭게 다가왔다.

　주인공 '나'는 책벌레인 '나'가 책에서 벗어나 노동자들과 같은 보통 사람과 함께 살겠다며 크레타섬의 갈탄 광산으로 가는 길에 조르바를 만난다. 조르바는 자유로운 영혼을 상징한다. 인간들이 자기 편하라고 만든 규정, 이를테면 윤리, 종교, 조국과 같은 장애물을 단번에 깨뜨려 무너뜨릴 웃음의 소유자이다. 그는 시시포스의 바위 굴리기같이 끊임없이 되풀이되는 우리 삶을 받아들이되, 즐기면서도 수동적이기보다는 사자처럼 능동적으로 살아가는 사람이었다. 얼핏 조르바는 방종한 인간으로 보일 수도 있지만 추구하고자 하는 목적은 이처럼 분명했다.

조르바에게는 '니체'나 '빼어난 인간'과 같은 사상도, 단어도 필요 없다. 그저 그에게 '인간'이란 그런 존재, 곧 '자유인'이었다. 그에게는 하느님도 악마도 두려운 대상이 아니다. 아마도 이런 조르바의 철학은 삶에 대한 통찰력에서 나왔을 것이다. 삶은 역사의 풍랑 속에서 고뇌와 간절함이 담긴 실존적인 선택이라는 교훈을 얻었다.

4차 산업혁명의 큰 흐름 속에 저성장 경제구조가 안착한 가운데 주 52시간 근무 시대가 열리면서 지속 가능한 경영은 모든 기업 CEO의 숙원이 됐다. 2018년 7월부터 300인 이상의 기업들은 주 52시간을 초과하는 근로를 시킬 수 없다. 국민의 삶의 질을 최우선으로 하는 문재인 정부의 행복 경영으로 하루 8시간 월, 화, 수, 목, 금 주 5일 40시간을 지켜야 한다. 주 40시간 초과 시 연장근무 수당을 지급해야 한다. 주 52시간 이상 근로를 시킬 수 없게 되어 기업은 다소 곤란한 입장일 수 있다.

하지만 이 또한 2005년 주 5일 근무제 시행을 기억해 보면 곧 일상화될 거다. 그리고 한계를 넘는 근로 시간은 결국 부메랑이 되어 기업을 발전을 가로막은 걸림돌이 될 수도 있다. 충분한 휴식과 재충전 없이 초과 근로에 매몰되다 보면 실수가 잦아지고, 그 실수는 불량률을 높이는 원인이 된다.

작가 류랑도가 쓴《딥 이노베이션(DEEP INNOVATION)》에 주목할 필요가 있다. 그는 "일을 더하고 싶어도 할 수 없고, 더 시키고 싶어도 그럴 수 없으며, 시키는 일만 하는 사람은 살아남을 수 없고, 피라미드 모양으로 상사의 지시만 따르는 조직도 생존이 어렵다"라고 하면서 "조직의 구조와 일하는 사람의 위치를 완전히 바꿔야 하며 이에 앞서 일하는 문화를 전면적으로 바꾸지 못하는 기업은 치열한 글로벌 시장경쟁 속에서 살아남을 수 없다"라고 일침을 가한다.

경영의 구루 피터 드러커는 "4차 산업혁명 시대 일하는 방식이 MBD(Management By Domination) 방식에서 MBS(Management By Self Control)방식으로 바뀌어야 지속가능한 성과가 창출될 수 있다"는 혜안을 제시해 준 바 있다. 그에 따르면 MBD 방식은 리더나 상위 조직에 의한 상명하복의 군대식 지배 방식이고, MBS 방식은 구성원에게 권한과 책임을 위임해 주는 자율책임경영 방식이다.

자율책임경영 방식으로 딥 이노베이션 하기 위해서는 조직 피라미드의 꼭대기에 위치한 CEO, 임원, 팀장이 바뀌어야 한다. 윗물이 맑아야 아랫물이 맑은 법이다. 머리끝에서 발끝까지 생각, 언어, 태도, 나아가 마인드의 전환이 뒷받침돼야 지속가능경영이 보장될 것으로 확신한다. 딥 이노베이션의 시작은 위에서부터 아래로 자연스럽게 물 흐르듯 이어져 궁극적으로 망망대해로 퍼져나가는 것이다.

현세에 주어진 가치관에 매달려 눈앞의 출세나 이득을 추구하며 낙타처럼 수동적으로 사는 '밑바닥 인간'이 아니라 관습이나 전통적 가치관을 거부하고 사자처럼 모든 삶을 자신의 자유의지에 따라 열정적으로 살아가는 '빼어난 인간'이 되길 기대해 본다.

니체의 명언 "신은 죽었다!"의 참 의미를 온몸으로 느끼며 자유롭게 살다 간 그리스인 조르바의 삶과 행적은 큰 울림으로 우리들의 영혼을 정화시켜 준다.

SUCCESS

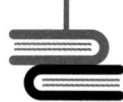

아침 루틴을 세팅하라

아침 루틴을 세팅하라

성공하려면 우선으로 아침 루틴부터 다시 세팅해야 한다. '얼리버드(Early Bird)'가 돼야 한다. 일찍 나는 새가 모이를 많이 쫀다고 하지 않던가.

세계 억만장자들의 성공 제1원칙을 물어보면 대부분이 '새벽 기상'을 첫손가락에 꼽는다. 세계 대부호들은 통계적으로 새벽 4시에서 5시경에 일어난다. 이들은 새벽에 사색과 명상 그리고 독서를 즐긴다. 매일 혼자만의 공간에서 자신만의 시간을 갖는 다는 얘기다.

당신이 잠든 새벽 시간에 누군가는 자기 계발의 기회로 삼아 꿈을 이뤄나간다. 성공하고 싶은가? 미라클 모닝을 실천하라. 극기해야 한다. 아침의 단잠에 빠져 소중한 시간을 허비해선 안 된다. 하루빨리 올빼미형 루틴을 청산하고 얼리버드형 습관으로 새롭게 세팅해야 한다.

타성에 젖어 게으르고 안주하는 샐러리맨들에게 성공이 허락할 리 만무하다. 오늘이 생의 마지막이라는 각오로 하루를 살아가야 밝은 미래가 보장된다.

아침 루틴을 체화해야 하는 중요한 이유는 하루를 시작하기 전에 나만의 시간을 갖고 사색하며 오롯이 나에게 집중하기 위해서다. 내가 왜 사는지? 내가 원하는 삶은 무엇인지? 내 꿈은 무엇인지? 행복이란 무엇인가? 등 마음속에서 올라오는 철학적인 사유를 하기 위해서다. 미라클 모닝의 지속적인 사유 시간을 통해 후회 없는 삶을 살아갈 수 있지 않을까, 자문해 본다. 어차피 삶은 한시적이며 태어나는 순간부터 죽음으로 향해가는 게 우리네 인생이다. 고로 지금 이순에 충실한 삶을 살길 바란다.

내 인생의 주인공으로서 당당히 주도적이고 능동적인 삶을 살아가야 한다. 기성세대가 만들어 놓은 관념의 틀을 깨야 한다. 사고의 프레임을 유연하게 확장해 통찰력을 키워야 한다.

뒤에서 자세하게 다룰 '수처작주 입처개진(隨處作主 立處皆眞)'의 마음 자세로 자존감을 지키며 가치 있고 행복한 삶을 영위해야 한다.

아침형 인간은 1%에 해당하며 저녁형 인간은 5%에 해당한다는 통계가 있다. 하지만 대개 성공하는 사람들은 새벽에 기상해 독서, 명상, 운동을 루틴화하고 있다. 미라클 모닝에 동참해 성공 신화를 써나갈 당신을 응원한다.

나는 3년 이상 5시에 일어나 명상을 해오고 있다. 그 결과 심신이 많이 차분해졌음을 몸소 느끼고 있다. 최근에는 여유를 키워드로 명상에 집중하고 있으며, 거의 매일 참나와 소통하고 있어 행복감을 느낀다.

명상, 운동, 독서는 부자들의 성공 기본 3원칙임을 뇌게 각인시켜 반드시 아침 루틴으로 체화해야한다. 그래야 지속가능성을 담보로 당신이 원하는 부자 대열에 합류할 수 있다는 것을 명심 또 명심하길 바란다. 간단함과 단순함 속에 부자의 비밀이 숨겨져 있다는 것을 인지하라. 새벽형 CEO로 변화에 성공한 나의 아침 루틴을 소개한다.

- 5시 기상해서 단전호흡 명상(10분~30분 하며 아침 확언)
- 6시40분 수영장 출발(월, 수, 금 모닝 수영 7시/ 화, 목 10km 마라톤)
- 문틀 철봉 턱걸이 15회, 다리 올리기 15회 후 물구나무서서 100회 팔굽혀펴기 후 스트레칭
- 명상, 운동 후 모닝 독서 매일 30분~1시간

SUCCESS

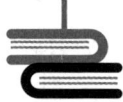

'이기는 습관'을 체화하라

'아기는 습관'을 체화하라

봄은 만물이 부활하는 계절이다. 봄을 싣고 오는 부활의 전령사 하면 꽃이 연관검색어 자리를 먼저 차지한다. 하지만 그 상징성은 새싹이 더 크다. 겨우내 잠자던 대지의 기운을 흔들어 깨우는 존재이기 때문이다.

파릇파릇한 새순 그 어떤 것도 독이 없어 봄을 나게 하는 제철 음식의 재료가 된다. 냉이, 쑥, 달래… 등. 제철을 상징하는 것이 땅에만 있는 게 아니라 바다에도 있다. 도다리, 쭈꾸미, 숭어… 등. 자, 잠시 이 봄것으로 만든 음식을 생각해 보자. 냉이된장국, 도다리쑥국, 달래무침, 쭈꾸미, 숭어회, 도다리회… 등. 우리의 침샘을 자극한다.

그래서인지 요즘 트렌드이자 대세로 자리 잡은 '먹방'이 더 리얼하게 다가온다. 예외가 없다. 맛집 탐방은 기본이고 음식을 만드는 것에 이르기까지 프로그램 종류도 음식 종류만큼이나 다양하다. 아무래도 인간의 식욕을 자극하여서 눈 씻고 보겠지만 건강 염려증이 큰 터여서 몸에 좋은 음식에 대한 갈급증도 한몫한다.

나는 이런 프로그램 중 그냥 음식에만 집중하는 거보다는 씨줄인 음식의 중요성을 부각하는 날줄 개념의 콘셉트가 있는 걸 좋아한다. 그 대표적인 프로그램이 SBS의 〈정글의 법칙〉이다.

SBS의 간판 프로그램 역할을 하는 〈정글의 법칙〉은 단순한 '먹방'이 아니다. '생존'을 위한 야생에서 먹거리를 찾는 콘셉트가 있다. 인간은 '먹기' 위한다기보다 '살기' 위해 먹는다는 명제를 증명하는 듯하여 더 원초적 욕구를 자극한다. 아무래도 이 프로그램을 관통하는 주제는 '강한 자가 살아남는 게 아니라 살아남는 자가 강한 사람이다'가 아닐까 한다.

나는 여기서 변화무쌍하고 치열한 생존경쟁이 난무하는 현실 속에서 어떤 자세를 가져야 할까를 생각해 봤다. 적자생존을 상징하는 찰스 다윈의 〈진화론〉에는 이런 구절이 있다.

"결국 살아남는 종은 강인한 종도 아니고, 지적 능력이 뛰어난 종도 아니다. 종국에 살아남는 것은 변화에 가장 잘 대응하는 종이다."

처한 상황에 따라 생존을 위해 시시때때로 카멜레온처럼 변신에 능한 사람이 결국 살아남는다는 말이다. 나는 이 명제가 비즈니스를 성공시키기 위한 매우 중요한 덕목이라고 생각한다.

비즈니스계의 신화이자 전설적인 베스트셀러 《이기는 습관》을 쓴 삼성맨 출신 전옥표 작가가 한 말이 가깝게 와닿는다.

"세상은 절대적으로 잘하는 사람을 원하지도 필요로 하지도 않는다. 그냥 남보다 조금만 더 잘하면 된다. 그런데 다른 사람보다 잘하고 있는지 아닌지를 어떻게 판단하느냐? 그것은 남보다 좀 더 하는 것이다."

공감할 것이다. 나 같은 소심한 사람에게 용기를 주는 말이라는 걸 느꼈을 것이다. "Just do it and then some." 그냥 바로 시작해라. 그리고 조금 더 해라.

인간은 다 거기서 거기다. 내가 하고 싶은 만큼만 하고 그 선에서 멈추면 남들도 그 선에서 멈춘다. 그러므로 남들보다 조금 더 했을 때라야 비로소 '노력'이란 것을 했다고 할 수 있다. 남들보다 10분만 더, 남들보다 1미터만 더 달려보라. 당신이 힘들 땐 남들도 힘들다. 하지만 그들이 거기서 멈출 때 당신의 1% 더 프리미엄은 100%의 경쟁력을 창출할 수 있다. 한 뼘 차이는 사소해 보이지만, 그것이 바로 인생의 터닝포인트(TP)가 되어 당신의 인생을 바꾼다.

전옥표 작가는 '인생도 비즈니스도 셀프 마케팅의 연속'이라고 강조한다. 그는 성공키워드로 6가지를 제안한다. 총알처럼 움직이는 동사형 조직, 창조적 고통을 즐기는 프로 사관학교, 쪼개고 분석하고 구조화하는 지독한 프로세서, 마케팅에 올인하는 체화된 마케팅적 사고, 기본을 지키는 규범이 있는 조직문화, 끝까지 물고 늘어지는 집요한 실행력이다.

결과적으로 총알처럼 움직이는 동사형 조직을 만들어 귀신같은 전략으로 집요하게 실행해야 넘버원이 될 수 있다고 말한다. 전옥표 작가는 1등도 해본 사람이 하고, 이기는 것도 이겨본 사람이 이긴다며 '이기는 습관'을 온몸으로 체화해야 지속 가능한 성공을 보장받을 수 있다는 메시지를 던지고 있다. 강한 울림으로 다가오지 않는가?

현재 미디어 업계에는 변화가 이미 감지되고 있다. 인터넷신문이 활성화돼 있는 가운데 인쇄매체는 점차 영향력을 잃어가고 있다. 이런 미디어 환경의 변화는 '유튜버(Youtuber)'의 인기로 이어지고 있고, 1인 방송 '크리에이터'가 우후죽순 늘어나는 추세다. 특히 100만 이상 구독자를 보유한 인플루언서의 등장으로 이들은 사회에 큰 영향력을 행사하고 있다. 기업들은 이런 추세에 발맞춰 인플루언서 유튜버를 홍보 채널로 적극 활용하고 있다. 결과적으로 브랜드 인지도 상승과 매출 상승 두 마리 토끼를 노리고 있다.

시대를 앞서갈 것인가 아니면 따라갈 것인가는 선택의 몫이다. 리더는 '이기는 습관'을 뼛속까지 체화하고, 카멜레온의 변신술을 익혀야 생존할 수 있음을 명심하길 바란다.

SUCCESS

성공루틴을 만들어라

성공루틴을 만들어라

자기애가 강한 사람이 높은 품격을 유지한다. 자존심을 지키느라 시간을 허비할 것이 아니라 자존감을 높이는데 몰입해야 성공과 행복을 누릴 수 있다.

여기서 핵심 포인트는 내적 변화이다. 사람들은 변화하라고 하면 외부적 요인에 치중한다. 물론 변화가 눈에 바로 드러나기도 하거니와, 외모가 존재를 규정하는 요인이 되기도 하기 때문이다.

하지만 진짜 변해야 하는 건 내적인 요인이다. 한때 정치권에서 '수박'이 사람들의 입에 널리 회자된 적이 있다. 겉은 파랗지만, 속은 빨간 수박의 특성을 이용해 사이비 진보 인사를 지칭하는 용어로 동원됐다. 겉은 파래 민주당의 당색을 띠지만 쪼개 보니 국민의힘 상징색인 빨간 데서 나온 비유다.

여기서 수박 논쟁을 하려는 의도는 없다. 다만 내적 변화를 설명하려다 보니 이보다 더 적합한 예를 찾기 어려워 활용했을 뿐이다. 안과 밖이 한결같은 사람이 최고이겠지만 서로 동조화 하려는 노력이라도 있어야 상식적인 사람이라고 할 수 있으리라.

우리가 내적인 요인보다 외적인 것에 치중하는 건 체면 문화의 잔재라고 생각한다. 남의 시선을 너무 의식하기 때문이다. 그래서 추구하던 변화의 몸부림은 실패하고 만다.

자기 자신을 자유자재로 컨트롤할 수 있는 사람이 진짜 강한 사람이다. 이 셀프컨트롤러들은 시간도 지배하며 자기 삶을 생각하는 대로 의도하는 대로 꾸미며 행복을 창출한다. 그래서 나는 이들을 행복주식회사의 CEO라고 부른다.

철저하게 자신과의 싸움에서 승리하는 자만이 변화를 이끌어 새로운 삶을 창조해 나갈 수 있다. 'Beyond Yourself', 즉 자기 자신을 넘어 보라는 메시지를 실천하며 행복 충만한 하루를 보내보라. 'Beyond Myself'는 나의 성공 제1원칙으로 꼽는 성공 루틴으로 가슴속 깊이 새기며 실천하고 있다.

자기 자신을 넘어서지 못하는 데 어찌 성공할 수 있겠는가? 심신을 단련하며 인고의 시간을 가져야 비로소 성공 님이 어서 오라고 손짓할 거다. 백 년 독서를 통해 마음의 길을 확장하고, 육체가 한계상황을 넘어설 때 겸손이 자라게 된다는 것을 알아야 한다. 마음과 육체의 도를 깨달았을 때 하나의 완성된 인격을 갖춘 성인군자로 거듭나게 된다.

자기 자신을 넘어서는 좋은 예가 다이어트가 아닌가 싶다. 다이어트에 성공하고 싶으면 자기만의 성공루틴을 만들어라. 첫째, 자신의 식욕을 넘어서야 한다. 둘째, 자기 자신과의 싸움에서 이겨야 한다. 셋째, 지속가능성을 유지해야 한다.

자신과의 약속을 끝내 지키지 못하고 무더위에 치맥 권하는 친구의 달콤한 유혹에 넘어가 본 적이 있지 않은가. 공든 탑이 한순간에 와르르 무너졌잖은가. 자신의 나약한 의지를 탓하기보다 관계 유지를 위한다는 핑계 아닌 변명을 하는 자신이 한탄스럽지 않은가. 자기만의 다이어트 성공루틴을 만들어야 다이어트에 성공할 수 있다는 건 기본이다.

건강한 몸은 하루아침에 만들어지지 않는다. 몸무게를 일정하게 유지하는 사람은 다이어트에 성공할 가능성이 높다고 평가하고 싶다. 왜냐면 자기 신체를 컨트롤하는 사람이기 때문이다. 평소에 자신의 만족을 추구하며 자유로운 삶을 살아가야 한다. 내가 행복해야 남도 행복하다. 나를 사랑해야 남도 사랑할 수 있다. 그래서 상처받고 소외당한 자아를 찾아 떠나는 힐링 여행은 기쁨 그 자체다. 오래된 나와 타협하지 말고 매일 평범함과 싸우는 지혜가 늘 함께하길 바란다.

나의 독서 멘토 김종원 작가의 《인간을 바꾸는 5가지 법칙》에 나오는 내가 애정하는 문장이다. 나는 이 문장을 필사하여 내 책상 한켠에 붙여두고 늘 경구처럼 새긴다.

"나의 하루는 여전히 뜨겁고, 나의 일상은 언제나 치열하다. 나는 나를 바꿀 수 있다."

SUCCESS

소망 10계명과
삶의 우선 가치 10가지

소망 10계명과 삶의 우선 가치 10가지

　사람은 누구나 살면서 자기 자신만을 위해 만들어 놓은 법칙이나 원칙 같은 게 있게 마련이다. 물론 만든 이 자신에게 가장 적합한 것이겠지만, 누구에게나 의미 있는 것일 수도 있다.
　어떤 사람은 이런 걸 만드는 거 자체를 혐오하기도 한다. 너무 구속하는 거 같아서란다. 충분히 그렇게 생각할 수 있다. 하지만 '물 반 컵이나'와 같은 긍정 마인드로 접근하면 마음을 다잡게 해주는 비타민이라고 할 수도 있다.
　그래서 나는 자신이 생각하는 '소망 10계명'과 '삶의 우선 가치 10가지'를 작성해 보라고 권유한다. 어차피 한 번 사는 인생 후회 없이 살아야 하지 않겠는가. 이런 걸 작성하다 보면 우선 실타래처럼 엉켜 있는 생각이 일목요연하게 정리되는 느낌을 받는다. 그러면서 한 가지 한 가지 적다 보면 각각에 대해 심도 있게 생각하게 되어 삶에 관한 이해도가 깊어진다. 또 이런 걸 반드시 실천해보겠다는 실천 의지도 되살아난다. 그렇다면 이게 비타민이 아니고 뭐겠는가.

지금 바로 이 순간 노트를 꺼내라. 그리고 하나 하나 써내려 가라. 당신의 인생이 바뀔 준비를 하게 될 것이다. 총알 같은 스피드의 실행력이 필요한 시점이다.

조지 버나드 쇼가 말하지 않았는가. "우물쭈물하다 내 이럴 줄 알았지" 하며 후회해 봐야 아무 소용 없다. 1톤의 생각보다 1그램의 실천이 중요하다.

나의 '추구하고 싶은 우선 가치 10가지'부터 작성해 봤다.

① 행복과 즐거움, ② 성취와 성공, ③ 배움과 성장, ④ 사랑과 온정, ⑤ 열정과 도전, ⑥ 건강과 활력, ⑦ 탁월성과 지성, ⑧ 안정감과 편안함, ⑨ 배려와 관용, ⑩ 봉사와 친밀감.

10가지 가치 우선순위에 따라 삶의 관점과 방향 그리고 인생 목표가 설정될 거다. 작성 요령은 먼저 각자 10가지 우선 가치에 대해 생각하고 순위를 정하면 된다. 그러면 그 가치순위에 따라 인생 변화가 시작될 것이다. 조지 버나드 쇼는 아무 생각 없이 쳇바퀴 인생을 살아가는 현대인들을 향해 '열정 없이 사느니 차라리 죽는 게 낫다'라고 일침을 가한다.

삶은 사는 이유와 목적이 있어야 한다. 누군가 묻는다. '너 사는 이유가 뭐지? 목표가 뭐지? 꿈은? 음~ 글쎄~ 생각안해 봤는데'하고 퉁명스럽게 아무 생각 없이 대답할 것이다. 아메바와 같은 단세포 생물의 인생을 살아갈 순 없다. 돈은 삶의 수단이지 목표가 되어서는 안 될 것이다. 한 번뿐인 멋진 인생의 주인공이 되어 타인의 인정욕구에 벗어나 자신만의 주도적인 삶을 살아가야 후회하지 않을 것이다. 죠지 버나드쇼의 명언을 가슴 깊이 되새기길 바란다.

"2%의 사람들은 생각한다, 3%의 사람들은 자신들이 생각한다고 생각한다. 나머지 95%의 사람들은 생각하는 것을 죽기보다 싫어한다."

행운은 준비와 기회가 만나는 지점에 있다. 대운의 에너지를 끌어당겨 사업을 크게 성공시키고 싶은 마음 간절하다. 인생사 다홍치마라지만 진인사대천명, 궁즉통, 일체유심조 아니겠는가. 이번엔 소망 10계명을 작성하라고 권하고 싶다.

〈나의 소망 10계명〉
① 자산 1,000억 부자 ② 행복하고 성공한 CEO ③ 세계여행하기 ④ 베스트셀러 작가 ⑤ 1년 100권 읽기 ⑥ 인플루언서 ⑦

TED 강연자 ⑧ 철인3종대회 10회 완주 ⑨ 싱글골퍼 ⑩ 사회공익재단 설립

생각하기는 쉽다. 하지만 행동하기는 어렵다. 생각하는 대로 행동하기는 더욱더 어렵다. 사고하면서 인생을 살아가지 않으면 살아가는 대로 생각하게 된다. 그래서 변하지 않은 자기만의 철학을 갖고 살아가야 한다. 지성이 이끄는 의지로의 변화로 '나' 자신부터 바꿔나가야 새로운 세상을 창조할 수 있다. 작심삼일이 아니라 작심만일이 될 수 있도록 강한 의지력과 신념을 갖춰야 한다.

'억만장자가 되어 성공 메신저로서 롤모델이 되어 세상에 공명을 전파한다'가 나의 철학이며 가치관이다. 쉽게 말해 누구나 성공해 부자가 될 수 있다는 본보기를 보여주고 싶은 게 소망이자 꿈 그리고 비전이다. 그래서 나의 오늘은 언제나 뜨겁고 열정과 에너지로 가득하다. 오늘이 뜨겁지 않는 자의 내일은 기약할 수 없는 법이다.

여러분들의 10대 소망은 무엇인가? 반드시 기록으로 10가지를 선택해 가족에서부터 지인들에게 공언해 실천을 다짐하길 바란다. 연말에 10가지 중 6가지 이상을 달성하면 성공했다고 평가할 수 있겠다. 이러한 버킷리스트 플랜을 해마다 가동하면 당신의 꿈 실현에 한 발짝 다가서 있는 당신을 발견하게 될 것이다.

SUCCESS

성공해서가 아니라
성공하기 위해 책을 써라

> 성공해서가 아니라
> 성공하기 위해 책을 써라

성공하려면 책 특히 인문 고전을 많이 읽은 거 못지않게 직접 책을 써보는 것도 아주 좋은 방법이다.

내가 이 책을 쓰는 것도 '성공하고 싶은 욕망'을 실현하는 한 과정이다. 책 쓰기는 생각보다 어렵다. 인문 고전 읽기가 어렵다 해도 남이 쓴 텍스트(책)란 도구가 있다. 문자를 알고 있으므로 이해가 되든 안 되든 읽으면 된다. 설령 이해가 안 되더라도 반복해서 읽다 보면 어느 순간 그 뜻이 깊게 와 닿는다. 독서백편의자현(讀書百遍義自見)이라 하지 않았던가. 책이나 글을 백 번 읽으면 곧 그 속뜻이 저절로 이해된다.

하지만 글쓰기는 다르다. 남이 쓴 텍스트로 공부하는 게 아니라 내가 남을 위한 텍스트를 만들어야 한다. 여기엔 두 가지 필요충분조건이 요구된다. 하나는 '하우투두(How to do, 글쓰기

능력)'이고, 또 다른 하나는 '왓투두(What to do, 콘텐츠)'이다.

물론 이 두 가지 필요충분조건을 충족했다고 해도 책 한 권을 써야 하는 엉덩이의 힘이 필요하긴 하지만, 이 정도면 일단 쓸 준비는 된 것이니, 이제 쓰기 시작하면 된다.

얼마 전부터 우리 사회에는 자서전을 비롯해 책 쓰기 열풍이 불고 있다. 글과 책 쓰기 요령을 가르쳐주는 강의에 사람들이 몰려 북새통이 되었다. 나도 이런 열풍에 동참하는 한편 꼭 성공하겠다는 의지의 표현으로 쉼 없이 글을 쓴다.

나는 '부자' 담론에 관심이 많다. 그래서 늘 부자에 관해 공부하고 쓴다. 누구나 부자에 관해 관심이 없는 건 아니겠지만 나는 특히 더 많은 거 같다. 아무래도 CEO 전문기자로 수많은 성공한 CEO들을 만나면서 자연스럽게 형성된 아젠더이다. 그래서 이 책을 처음부터 끝까지 관통하는 씨줄은 CEO이고, 날줄은 부자이다.

나의 부자 연구의 출발은 많은 CEO를 만나면서 늘 궁금했던 하나의 의문이었다. "부자는 어떻게 부자가 되었을까?" 똑같이 태어났어도 누구는 부자이고, 누구는 가난한가. 사람들은 부자는 특별한 부자 DNA를 갖고 태어나는 것으로 생각한다. 물론 이 궁금증은 누구가 갖고 있다. 나도 처음엔 그랬다. 부자는 어려서부터 생각하는 게 뭐가 달라도 다르다. 하지만 나는 우리의 이런 지레짐작이 과연 사실일까가 궁금했다.

일반화의 오류를 무릅쓰고 오랫동안 CEO를 취재한 경험에 비추어 결론을 내리면, 선천적인 조건이 아주 영향이 없었다고 단언할 수는 없지만 그것만이 아니라는 확신이 들었다. 가정교육과 관심사가 부지불식간에 후천적 부자 DNA를 만들었던 거다.

이런 통찰이 생기자 나도 자신감이 생겼다. 그때 처음 가졌던 '부자의 희망'에 가슴 떨리며 설레었다. 지금도 '부자'라는 단어만 들어도 떨림으로 다가온다.

누구나 성공과 부와 그리고 행복을 원한다. 특히 돈을 많이 벌어 부자가 되고 싶어 한다. 그렇다면 부자가 되기 위한 해법은 없을까? 내가 내린 비법은 부자가 되려면 우선 CEO가 돼야 한다는 거다. 이 책을 그런 내용으로 채웠다.

책을 구성하는 키워드는 '성공을 꿈꾸는 3050 직장인에게 동기부여가 목적인 자기계발서이자 변화 지침서'이다. 거창한가. 거창하지 않다. 아주 솔직한 목표를 위한 실천 매뉴얼이다. 나의 성공 방정식은 '부자'와 'CEO'라는 두 바퀴가 빚어내는 예술이다. 그리고 그동안 CEO에 대한 취재와 CEO인 나의 경험담을 얹어 다양한 스토리텔링을 하고 있다. 큰 범주의 키워드는 리더십, 통찰력, 공감, 공유, 소통, 독서, 생각하기, 습관, 몰입······.

그리고 꼭 한 가지 덧붙이고 싶은 주제가 있는데, 그건 바로 "나는 철인이다"라는 선언이다. 나의 취미는 철인3종이다. 운동을 싫어하는 사람들은 '철인3종'이 취미라고 하면 괴물로 보기도 하는데, 이 운동이 CEO인 내겐 더없이 좋은 위로가 된다. 수영, 사이클, 마라톤으로 이어지는 초인적인 인내심과 지구력, 그리고 완주하겠다는 긍정의 목표 의식은 CEO의 자질과 많이 닮아 있다.

CEO는 어느 한 분야에만 탁월한 능력을 발휘하면 안 된다. 기업의 경영이란 거시적인 관점에서 각 분야가 조화롭게 돌아가도록 시스템화해야 한다. 철인3종도 마찬가지다. 3종목 중 어느 한 종목만 잘한다고 해서 철인이 될 수 없다. 3종목을 골고루 잘해야 하고, 또 대회에서 3종목에 대한 시간과 에너지를 균형 있게 분배해 밸런스를 맞추어야 완주할 수 있다. 그래서 나는 '철인3종'이라 하고 '경영비법'으로 받아들인다.

자, 다시 책 쓰기로 돌아가자. 여기서 너무 많은 TMI를 풀어놓으면 이 책의 스포일러가 될 터이므로 그만한다.

책을 쓸 때 가장 중요한 건 물론 '주제' 정하기와 '기획서' 작성이 아닐까 싶다. 집을 지을 때 터를 닦고 설계하듯 책 쓰기도 똑같다. 다만 집의 효용성을 높이기 위해 누가 살 집인지와 생활 방식 등을 고려하여 디테일이 설계에 반영된다. 책도 누가 무슨 목적으로 읽을 것인지 독자층과 전달하고자 하는 메시지에 따라 서술 방식과 내용이 달라진다.

살면서 자기 이름을 달고 책 한 권을 쓰기가 결코 쉬운 일이 아니다. 힘든 만큼 써내면 그 자체로 주는 의미와 성취감은 상당히 크다.

자, 당신들도 나처럼 주제를 정하고 집을 짓는 심정으로 목차부터 작성해보자. 시작이 반이라 하지 않았던가. 이미 당신이 주제를 정하고 목차를 짜기 위해 노트북을 자판 위에 손을 얹었다면 절반은 쓴 셈이다. 이제 나머지 반을 채우면 책 한 권이 완성된다.

책은 성공을 이뤄서 쓰는 게 아니라 성공하기 위해서 쓰는 거다. 누구나 마음만 먹으면 책을 낼 수 있다. '작가'라는 수식어가 그럴듯하지 않은가. 성공하려면 책을 써라. 소크라테스가 말했다. "성찰하지 않는 삶은 살 가치가 없다"고. 이 명언을 가슴에 되새기며 힘차게 자신의 꿈을 실현하길 바란다.

SUCCESS

버킷리스트를 작성하라

버킷리스트를 작성하라

'나' 주식회사의 CEO로 자기 경영을 잘 해야 성공할 수 있다. 여기서 '자기 경영'에 주목해야 한다. 모든 성공으로 통하는 관문이기 때문이다. 나의 불행을 남 탓으로 돌리지 말고 먼저 자기 자신부터 경영할 수 있어야 한다. 언제까지 노예근성에 사로잡혀 수동적으로 아무 생각 없이 남의 지시를 받으며 명령대로 살아갈 것인가? 지금 이 순간부터 내 삶의 주인은 '나'라는 생각을 갖고 주도적으로 행동해야 한다. 지금 당장 성공 노트를 꺼내 나만의 버킷리스트 10계명을 작성하라. 먼 훗날 당신을 성공으로 인도할 것이다.

내가 진정으로 원하는 것이 무엇인지 아는 것이 급선무다. 대부분의 사람은 자기 자신이 진정으로 무엇을 원하는지, 꿈이 무엇인지, 어떤 사람이 되고 싶은지, 생각조차 해본 적이 없는 경우가 의외로 많다. 그냥 주어진 환경에 순응하며 하루하루를 무미건조하게 살아간다는 방증이다.

한 번뿐인 인생 주인공으로 폼생폼사(?)로 살아가야 하지 않겠는가? 성공학의 대가 나폴레온 힐은 '생각하라, 그러면 부자가 되리라'라고 주창한다. 이 얼마나 놀랍고 위대하며 단순한 진리인가. 사고가 곧 인간의 행동을 지배해 성공으로 안내해 주는 열쇠인 셈이다.

IBM의 창립자 토마스 왓슨은 'think' 한마디로 성공했고, 애플의 스티브 잡스는 'think different' 두 마디로 전설의 CEO로 회자되고 있다. 마이크로소프트의 빌게이츠 또한 'think week'란 생각 주간을 만들어 유명세를 떨치고 있다.

'나' 주식회사의 CEO인 여러분도 성공을 위해 10가지 버킷리스트를 장고해서 작성해 보라. 나는 예전에 이미 작성했었는데, 여기 10가지를 소개한다.

① 2033년 60세 1,000억대 자산가로 은퇴, ② VDR(Vivid Dream Realization)재단 설립, ③ 자서전 출판해 베스트셀러작가 등극, ④ 100층 사옥 건립, ⑤ 무인도에 대저택 건축, ⑥ 제주도, 울릉도, 부산에 별장 소유, ⑦ 세계일주 여행, ⑧ 5개국어 습득(영어, 중국어, 일어, 독어, 프랑스어), ⑨ 전용기 소유, ⑩ 백년해로.

스티븐 코비 박사의 《성공하는 사람들의 7가지 습관》(① 주도적이 되라, ② 목표를 확립하고 행동하라, ③ 소중한 것부터 먼저하라, ④ 상호이익을 추구하라, ⑤ 경청한 다음 이해시켜라, ⑥ 시너지를 활용하라, ⑦ 심신을 단련하라)과 조신영 작가의 《성공하는 한국인의 7가지 습관》(① 규칙적인 기상, ② 명상을 통한 플러스 사고, ③ 철저한 시간관리, ④ 방대한 독서, ⑤ 꾸준한 운동, ⑥ 성공일기, ⑦ 칭찬과 용서)를 성공 지침으로 가슴에 새겨 실천하라.

꿈꾸는 다락방 이지성 작가의 "R(Realization)=VD(Vivid Dream)"라는 성공 방정식을 기억해야 한다. 윤태익 작가는 《간절함이 답이다》에서 생사를 걸고 도망치는 토끼를 한 끼 식사로 사냥하는 여우가 잡을 수 없다고 비유하며 궁즉통, 진인사대천명, 일체유심조의 정신을 강조하고 있다. 성공을 갈망하는 '나' 주식회사의 CEO분들께 묻고 싶다. 당신은 지금 '토끼'인가? 아니면 '여우'인가?

3장

타이탄(거인)의 비밀 노트 10

1. 적자생존하라

2. 핑계 대지 마라

3. 나만의 캐릭터를 강화하라

4. 두 수 앞을 내다보라

5. 포기하면 성공한다

6. 메타인지를 파악하라

7. 메멘토모리를 가슴에 새겨라

8. 행동하라

9. 역행자가 돼라

10. 코이의 법칙

1 적자생존하라

성공하려면 '적자생존' 해야 한다. '적자생존'이 성공의 키워드로 주목받고 있다. '적응하는 자가 살아남는다'라는 말은 자명한 진리다. 여기서 더 나아가 '적는 자 생존한다'라고 기록의 중요성을 강조하는 작가들도 많다. 인간은 망각의 동물이고 뇌의 암호화는 한계가 있어 저자도 기록하는 습관을 갖고 있다.

여기서는 생물학전 측면에서 접근하고자 한다. 적자생존 하려면 '변이'와 '선택'을 잘해야 한다. 약육강식의 대명사 정글의 법칙에서 생존하려면 약자는 카멜레온처럼 변화에 능해야 한다. 시시때때로 상황에 따라 보호색을 바꿔가며 자신을 변이하는 카멜레온의 지혜를 배워야 한다.

우리의 인생은 선택의 연속이다. 삶의 갈림길에서 정해 놓은 인생의 목표와 방향에 따라 현명한 선택을 해야 한다. 리허설이

없는 내 삶의 무대에서 주인공으로 살아갈 것인가, 아니면 조연과 엑스트라로 살아갈 것인가. 선택은 자신의 몫이다. 한 번뿐인 내 인생의 주인공으로 나는 주체적이며 능동적인 삶을 살아가겠다고 선택하는 순간 인생이 바뀌기 시작할 것이다.

시오노 나나미는 《로마인 이야기》에서 로마의 황금시대를 일컫는 '팍스 로마나'의 비결은 법과 제도의 정비, 도로 건설, 종교의 다양성 인정을 꼽는다. 로마의 전통을 고수하면서 편입된 국가의 다양성을 인정해 '모든 길은 로마로 통한다'라는 대제국을 건설할 수 있었다. 하지만 변이와 선택을 잘못해 몰락하고 말았다. 신라 천 년, 조선왕조 오백 년 등 우리나라의 역사를 살펴보더라도 영원성을 확보하기란 불가능해 보인다. 하지만 지속가능성을 확보하기 위한 가장 우선은 생존임에는 틀림없다. 어떠한 여건 속에서도 살아남아야 영원을 위한 토대를 세울 수 있기 때문이다.

창업주는 100년 이상 존속하는 기업을 대대손손 물려주기를 기대할 것이다. 하지만 '부자는 삼대를 못간다'라는 옛말이 있듯이 부의 수성은 어려운 게 진리이다. 삼성의 경우 이병철, 이건희, 이재용 3대로 이어지고 있다. 이재용 회장은 변화와 선택을 잘못한 노키아와 코닥의 몰락을 반면교사로 삼아야 할 것이다. 이 회장의 뉴삼성이 기업사에서 어떻게 그려질지 자못 기대된다.

개인이나 기업이나 살아남으려면 변화에 능숙해야 하며 매 순간 현명한 선택을 해야 한다. 변화는 단순한 제도 차원의 'change' 개념을 넘어 행동을 동반한 'innovation' 경지로 끌어 올려야 한다. 환골탈태의 지난한 변화의 과정을 거쳐야 비로소 새로운 나로 바뀔 수 있다. 심리학자와 철학자들은 사람은 절대로 바뀌지 않기 때문에 서로 다름을 인정해야 원만한 대인관계를 유지할 수 있다고 충고한다. 인간의 타고난 DNA 본성은 바꿀 수 없겠지만 후천적인 노력으로 생각을 바꾸고 행동을 실천하면 성향은 바꿀 수 있다고 본다.

사소한 습관과 말 한마디가 운명을 바꾸는 법이다. 나는 부자가 되겠다고 확언하는 순간 모든 잠재의식과 에너지가 부에 초점을 맞춰 나를 부자로 만들기 위해 작동할 것이다. 여기서 핵심은 내가 변화를 선택하는 순간 인생이 달라질 수 있다는 말이다. 변화와 선택의 성공키워드를 잡아라.

2 핑계 대지 마라

　성공하려면 제발 핑계 좀 대지 마라. 사람들은 자기 합리화의 화신들이다. 고착화된 자신만의 프레임에 갇혀 자기가 보고 싶은 것만 보는 사람이 비일비재하다. 인지상정이겠지만 나도 여기에 해당할 수 있겠다는 생각이 뇌리를 스치니 암울하다. 하지만 나는 확언한다. 난 인정할 것은 빨리 인정하는 사람이라고 말할 자신이 있다. 그게 속 편하다. 왜냐하면 나 자신에게 비겁하지 않고 솔직하기로 약속했기 때문이다. 감추고 싶은 페르소나(가면을 쓴 인격)를 벗어 던진 지 이미 오래다. 누구나 실수하기 마련이다. 세상에 완벽한 사람은 없다. 고로 인정하기만 하면 된다.
　요즘 우리 사회는 의견충돌이 잦고, 색깔, 이념 논쟁 등 끼리끼리 편 가르기가 만연한 요지경 세상이다. 내가 옳으면 상대는 틀리다. 이런 식의 흑백논리는 가당찮다. 유대인들은 유대인의 경전인 토라와 탈무드를 통해 토론 문화가 활성화돼 있다. 질문을 통해 새로운 해답을 찾아내는 창의적인 토론 문화가 자리 잡아 소수 민족임에도 세계를 이끄는 리더들이 많다. 특히 구글의 공동 창업자 세르게이 브린과 래리 페이지가 유대계 미국인으로 AI 등 최첨단 기술로 세상을 재창조해 나가고 있다. 사고의 유연성을 갖고 '내가 틀릴 수 있다'라는 혜량하는 마음이 절대적으로 필요하다.

'상대가 옳고 내가 틀릴 수 있다'라는 넓은 아량으로 대화에 임하면 논쟁으로 인한 스트레스가 적을 것이다. 아울러 '시간이 없어서'와 '상황이 이러 이러 해서'라는 유치한 핑계 아닌 변명은 대지 말았으면 좋겠다.

현대인들은 핑계 대마왕들이다. 본인 능력을 탓할 것이지 시간과 환경 그리고 조건을 제발 그만 거들먹거렸으면 좋겠다. 중이 절이 싫으면 절을 떠나면 그만 아니겠는가? 내가 선택한 모든 건 내가 책임지면 만사형통하지 않겠는가? 제발 자기 인생에 대해 책임지는 능동적인 삶을 살아갔으면 좋겠다. 모든 게 내 탓이로소이다. 실수나 잘못을 인정해서 더 나은 내가 되기 위한 반면교사로 삼으면 좋겠다.

스포츠 세계나 비즈니스에도 결과에 승복하는 자세가 존경의 대상이 되고 있다. 인정하면 된다. 유대인 부모는 자녀와 식사 자리에서 학교에서 선생님께 뭐 질문했냐고 물어보는 게 일상적이라고 한다. 질문으로 소통하고 남을 설득하면서 상대를 알아가는 창의적인 사고가 이들의 성공 비결인 셈이다. 나는 오늘 핑계 대는 하루를 보내지 않았는지 자문해 보라.

핑계는 개나 줘버려야 한다. 자기 합리화 늪에서 빠져나와 상황을 객관적인 시각으로 보는 지혜를 의식적으로 배양해야 한다. 내가 인정한 사항이 제3자가 봐도 아니 어느 누가 봐도 동의를 구하기에 충분할 정도의 객관성을 확보해야 한다. 그래야 타인은 내가 합리적이고 이성적인 사람이라고 자연스럽게 인정하게 된다. '나도 틀릴 수 있다'라는 프레임으로 상황을 볼 수 있어야 하며 '타인과 나는 다르다'라는 전제를 인정하는 순간 나는 남들보다 앞서가게 된다.

그릇을 크게 빚어야 많이 담을 수 있는 법이다. 남들이 보지 못하는 부분 즉 빙산의 아랫부분을 볼 수 있는 안목을 키워야 한다. 사람의 겉마음이 아니라 속마음을 알아차려야 협상에서 성공할 수 있는 법이다. 단면만 아니라 입체적으로 보는 시야를 기를 때 당신의 통찰력은 그 깊이를 더해 큰 깨달음을 안겨줄 것이다.

3 나만의 캐릭터를 강화하라

성공하려면 나만의 캐릭터를 강화해야 한다. CEO PI(President Identity) 측면에서 보면, 일론 머스크=테슬라, 제프 베이조스=아마존, 빌 게이츠=마이크로소프트, 이재용=삼성처럼 곧바로 연상되는 등식이 성립하게 만들어야 한다. 개인적으로 보면 자신만의 독특한 색깔, 다시 말해 개성을 강화해야 한다.

군중 속의 익명성처럼 다수에 의해 나의 존재감이 없어져서는 안 된다. 자기 PR 전성 시대인만큼 나만의 독특한 캐릭터로 차별화된 나를 대중에 알려야 내 존재감이 그들의 뇌리에 강하게 각인될 수 있다.

통상적으로 비즈니스 세계에서는 첫 만남에서 풍기는 첫인상이 가장 중요하다고 한다. 특히 계약 성사를 앞둔 중요한 비즈니스 미팅이라면 더욱 그러하다. 그 사람의 외모와 말투 그리고 미소, 표정, 악수부터 심지어 헤어 스타일에 따라 호감형과 비호감형으로 나뉜다. 3분 안에 그 사람의 첫인상이 판가름 난다는 소리다. 따라서 평소에 자신만의 굿 매너가 몸에 스며들게 체화해야 한다. 영화 〈킹스맨〉의 명대사 '(Good) Manner Makes a Man!'을 가슴에 새겨야 한다. 영국인 하면 젠틀맨이 떠오르는 것처럼 자신만의 좋고 차별화된 매너를 만들어야 한다.

유니크(Unique)란 단어에 집중해야 한다. 옥스퍼드 영한사전에 따르면 '유일무이한, 독특한, 아주 특별한, 고유의, 특유의'로 정의되고 있다. 사람은 누구나 저마다의 유니크한 유전자를 갖고 태어난 특별한 존재였지만 자라면서 환경과 시간 그리고 교육의 영향을 받아 대중성과 통념에 길들여지게 된다. 다시 말해 산토끼가 집토끼가 되고 늑대가 애완견이 되듯이 야행성과 본성을 잃어버리고 순종적인 삶을 살아간다. 이게 인생이고 삶의 이치라 할 수 있겠다. 그런데 여기서 자신에게 외쳐보자. 난 특별한 존재가 되고 싶고 남들과 차별화된 속이 꽉 찬 프로페셔널리스트로서 살아갈 거라고.

나이는 숫자에 불과하다. 어떤 유혹에도 현혹되지 않는다는 불혹의 나이를 먹었다면 인생에 대해 한 번쯤 생각해 봐야 한다. **형식에 치우친 삶이 아니라 본질을 탐구하는 철학적인 사고와 심오한 고뇌를 통해 새로운 나로 거듭나야 한다. 그래야 지성**

인이고 사색인이며 특별한 존재자로서의 자존감을 지키며 살아가는 소피스트라 할 수 있다. 이제 페르소나(가면)를 벗어던지고 당당히 나 자신과 마주해야 한다. 자아와 대화를 통해 새로운 나를 발견하는 순간 인생이 바뀌기 시작할 것이다.

내 이름 석 자를 어떻게 만들어 갈 건가? 나는 어떤 존재가 되고 싶은가? 나는 무엇을 추구하며 살아갈 것인가? 나는 지금 행복한가? 나는 왜 사는가? 등등을 자문해 보라. 부자나 빈자나 시간은 공평하게 주어졌다. 한 번뿐인 인생 유니크한 존재감을 과시하며 유일무이한 존재자로서 후회 없는 삶을 살아가야 하지 않을까? 그래서 난 오늘도 성공을 향해 달린다. This Will Too Pass! Just Do It and then!(이 또한 지나가리라! 지금 시작하자 그리고 조금더 하자~)이라고 외치면서.

타인과 구별되는 나만의 차별성을 갖춰야 성공할 수 있다. Distinction! 탁월함과 특별함이 나를 성공으로 안내할 것이다. 나는 철인(아이언맨), 독서광, CEO 전문기자로 남들과 다른 변별성을 갖고 있다고 본다. 당신의 'Distinction'을 만들어라. 이것이 당신을 성공으로 안내할 것이다.

4 두 수 앞을 내다보라

　성공하려면 최소 두 수 앞을 내다봐야 한다. 장기로 치자면 전진만 가능하고 후퇴할 수 없는 졸이 되어서는 성공할 수 없다. 게임에 이기기 위해서 마, 상, 포, 차처럼 다양한 수단과 전략을 병행해야 성공할 수 있다.

　숲을 봐야지 나무만 봐서는 대성할 수 없다. 전체를 볼 수 있는 거시적인 안목을 키워야 한다. 고객의 감춰진 속내 즉 숨은 의도를 파악해야 계약을 성사시킬 수 있다.

　성공한 사람들은 통상적으로 매사에 긍정적이며, 자기관리에 철저한 편이다. 또한 독서와 사색을 좋아하며, 새로운 것에 도전을 주저하지 않는다. 누구나 성공해서 부자가 되기를 원한다. 하지만 범인들은 염원만 할 뿐 실제로 행동에 옮기는 사람은 없기에 부자는 소수에게만 허락된 특권으로 치부된다. 부자처럼 생각하고 부자처럼 행동하면 부자가 될 확률이 높다고들 말한다. 성공학의 대가들은 1% 다른 사고방식과 행동의 차이가 부자와 빈자를 구분한다고 설명한다.

인생 100세 시대를 맞이하고 있는 지금 시점에서 성공에 대해 재조명해 본다. 개미와 베짱이 우화를 재해석해 보면 그 답을 찾을 수 있다. 근면과 성실 그리고 노력의 상징인 개미는 겨울의 포근함과 안락을 위하여 여름의 뙤약볕 아래에서 쉬지 않고 일한다. 미래의 성공과 부를 위하여 지금 현재를 희생하는 워크홀릭의 삶을 사는 게 옳을까? 자문해 본다. 차라리 현재에 충실한 삶을 살아가는 베짱이처럼 지금 죽어도 여한이 없을 정도로 지금을 사는 삶은 어떨까도 자문해 봐야 한다.

선택은 본인의 몫이라고 치부할지라도 열심히 일만 하며 살면 경제적으로 풍요로운 삶을 살 수 있고 개성에 따라 하고 싶은 걸 하며 살면 경제적으로 빈곤한 삶을 살게 된다는 이분법적인 논리를 아이들에게 가르치는 건 맹목적이라고 본다. 더 나은 미래를 위해 지금 현재의 삶의 많은 부분을 포기하며 살 것인가, 아니면 불투명한 오지 않은 미래보다는 현실에 더 충실하며 충만한 삶을 살아갈 것인가는 개인의 선택에 달린 몫이다. 왜냐하면 인생은 정답이 없기 때문이다. 개인이 선택한 삶에 책임을 지면 그만이다.

부와 성공 그리고 행복한 삶을 원한다면 한 번쯤 자기 삶에

대해 철학적인 고찰을 해보길 바란다. 딱 두 수를 생각해 보자. 나는 누구인가(Who am I), 나는 어떻게 살아갈 것인가(How to live)의 두 명제를 생각해 보는 여유를 가졌으면 한다.

미래는 예측할 수 없지만 현재의 삶을 충실하게 살다 보면 길이 보이기 마련이다. 현재의 시점에서 내가 원하는 미래의 나를 위해 투자를 하면 된다. 예를 들어 지금 당장 긴급하지는 않지만 건강을 위해 매일 운동을 하면 미래에 건강한 나의 육체는 당연한 결과로 이어지게 마련이다. 현재 상황에서 주식이나 부동산에 자금을 투자하는 행위 또한 미래에 돈을 보내 좋은 결과로 이어질 것이다. 여기서 중요한 것은 현재에 무언가 행동에 옮겨야 미래에 결과로 나타나는 거다. 매일 독서하고 명상하고 운동하는 사람의 미래는 10년 후면 하늘과 땅 차이만큼 큰 차이로 나타난다. 남들보다 딱 두 수 앞을 내다보는 안목을 갖고 현재에 투자하는 지혜로운 사람이 되면 부자가 될 수 있다.

5 포기하면 성공한다

성공에 대해 생각해 본다. 성공하려면 자기가 좋아하는 것을 포기할 수 있는 결단력과 용기가 절대적으로 필요하다. 나는 애주가였다. 하지만 4년 전인 2020년 5월 15일 회사 법인설립일을 기념해 금주를 선언했다. 영원히 기억에 남을 역사적인 날로 그 때 나의 결심을 존중한다. 그토록 좋아했던 술을 아예 끊어버렸다. 지인들은 술을 끊은 이유를 물었다. 내 대답은 간단했다. "사업 성공을 위해서!"

결론적으로 이 날이 내 생애 최고의 터닝포인트(TP)였다. 지금 나는 과거의 내가 아님에 매일 감사하며 고마워하는 마음으로 살아간다. 나의 하루는 언제나 치열하고 뜨겁다. 타오르는 용광로 같은 열정과 강철같은 의지력이 내 최대 강점이다. 나는 금주 이후부터 리스크가 없고 항상 의식이 깨어 있다고 자신 있게 자랑하며 말한다.

묻겠다. 가장 좋아하는 것 하나를 포기할 자신이 있는가? "네!"라고 대답한 사람은 변화할 수 있다. 성공할 수 있는 자격을 갖춘 사람이다. 나이가 들어감에 따라 내려놓음의 미학을 안다. 그게 인생이다. 흙수저니, 금수저니, 그들만의 리그니, 우스갯소리를 한다. 이는 부자를 부러워하며 시기 질투하는 루저들의 핑계에 불과하다. "웃기는 소리하지 마세요!"라고 일침을 가하고 싶다. 세상은 생각보다 끈기를 갖고 끝까지 노력하는 사람이 적은 편이다. 고로 성공의 기회는 항상 열려 있다. 포기하지 않고 지속가능성만 확보하면 누구나 성공할 수 있다.

나는 2023년 6월 4일 군산 새만금 챌린지 철인3종 대회와 9월10일 구례 아이언맨 킹코스 대회 그리고 2024년 6월2일 군산 새만금 챌린지 철인3종 대회를 완주한 '철인'이다. 내가 이토록 힘든 운동을 하는 이유는 '성공 마인드셋' 강화 때문이다.

철인 타이틀을 갖기 위해서는 체력과 정신력이 뒷받침돼야 가능하다. 내가 선을 긋는 순간 나의 한계가 결정되듯이 포기하지 않겠다는 강한 다짐이 필요하다. 철인대회를 완주하려면 평소에 꾸준하게 운동해야 한다. 노력, 끈기, 인내 삼박자를 갖춰야 성공할 수 있다.

변하고 싶다면 작은 목표부터 설정해라. 그리고 내가 좋아하는 작은 것 하나부터 버리자. 내려놓아야, 버려야 성공할 수 있

다. 프레임에 갇힌 아집과 편견 그리고 고정관념을 버려야 변화에 성공할 수 있다.

목표가 실현된 모습을 상상하면 무의식 속에 강하게 각인될 것이다. 상상은 곧 현실이 된다. 긍정적인 생각은 행복을 낳고 부정적인 생각은 불행을 낳는 법이다. 지금 이 글을 읽는 순간부터 변하겠다고 확언하라. 그런 다음 나쁜 습관 하나를 포기하자. 사람의 타고난 본성은 바꿀 수 없지만 후천적 노력으로 성향은 바꿀 수 있다. 이때 필요한 것은 강한 의지다. 자신과의 싸움에서 이겨야 변화가 일어난다. 단 하루만이라도 자아를 이겨내는 당신을 응원하고 싶다.

프로는 결과로 말한다. 나를 넘어서 가까운 미래에 성공한 또 다른 자아를 상상하며 하루를 산다. 변명, 핑계 따위는 제발 한강에 벗어 던지자. 나를 무시한 세상과 조롱한 사람들에게 가장 짜릿한 복수는 '성공'이라는 강편치다. 성공 메신저로서 언제나 당신의 꿈과 열정을 응원한다.

6 메타인지를 파악하라

 성공하려면 '메타인지'부터 파악해야 한다. 메타인지란 쉽게 말해 자신이 아는 것과 모르는 것을 자각해 스스로 문제점을 찾아내고 해결하는 능력이다. 스스로 보고 느끼고 인지하는 것을 아는 데 그치지 않고 문제가 발견되면 그것을 바로 잡고 해결하며 자기 조절을 해나가는 주도적이고 능동적인 인식능력을 말한다. 내가 '나' 자신을 모르는데 어떻게 타인, 외부 환경, 세상을 알 수 있겠는가? 소크라테스의 '너 자신을 알라'와 일맥상통한다.
 사람은 누구나 장점과 단점을 갖고 있다. 동전의 양면처럼 인생사 또한 새옹지마다. 불확실성이 높고 예측 불가능한 현재 경영 상황에서 사업의 영원성을 확보하기란 불가능하다. 하지만 사업 성공을 위해 CEO는 메타인지에 집중해야 한다. 현재 위치에서 자신이 하는 사업의 강점과 약점을 파악해 전망이 높은 사업은 강화하고 레드오션에 접어든 사업은 보완하는 전략을 구사해야 롱런할 수 있다.

일단 메타인지를 파악하면 두 가지 전략을 구사할 수 있다. 첫째, 신속성의 확보이다. 현대전은 속도전이다. 레이쥔 샤오미 회장의 스피드 경영이 본보기다. 대륙의 실수, 가성비 짱으로 불리는 레이쥔 회장은 한 인터뷰에서 "천하의 무공 중 빠른 것은 절대 당해낼 수 없다. 느리다는 것은 곧 죽음을 뜻한다"라고 일침을 가했다. 속도가 바로 샤오미의 성공 비결인 셈이다. 먼저 빠르게 신제품을 출시한 후 시장 반응을 피드백해 업그레이드된 제품을 잇따라 출시하는 전략이다. 고객의 요구에 빠르게 부응하는 게 샤오미의 강점이다.

둘째, 완벽함의 추구이다. 철저하게 사전적인 시장조사와 고객 니즈를 파악한 후 고품질의 고객 맞춤형 제품을 출시하는 전략이다. 다소 시간이 걸리는 단점이 있지만 스티브 잡스의 아이폰 신화처럼 시장을 단번에 장악할 수 있다. 이건희 회장의 애니콜 화형식과 도요타 소이치로 회장의 도요타식 품질경영이 대표적이다. 어느 전략을 구사할지는 CEO의 경영스타일에 따라 다르겠지만 먼저 메타인지를 어떻게 파악하느냐가 관건이다. 4차 산업혁명 시대에 승자가 되기 위해 CEO는 속도와 완벽을 동시에 추구해야 할 것이다. 두 마리 토끼를 동시에 잡는 복수

전략을 구사하는 CEO가 성공할 수 있다.

변화와 혁신이 성공하기 위한 전제조건은 '개선(Improvement)'이라고 본다. 한 번에 모든 걸 바꾸기는 어렵겠지만 작은 것부터 바꿔나가면 반드시 성공할 수 있다. '성공하려면 아침에 일어나 이불부터 개라'란 명언이 있다. 작은 성취가 큰 성취로 이어지기 때문이다. 나아가 사고의 전환을 통한 행동이 수반되어야 한다. 변화를 갈망하는 내적동기가 외부에 습관으로 표출되는 순간 작은 행동의 변화가 일어날 것이다. 성공의 반대말은 실패가 아니라 도전하지 않는 것이다. 자신의 메타인지를 파악한 후 곧바로 행동에 옮겨라. 그것이 성공 비결이다. 나는 한번 한다면 하는 사람이다. 나는 행동하는 사람이다. 행동지향적인 스타일이 나에게 안성맞춤인 표현이다.

7 메멘토모리를 가슴에 새겨라

성공하려면 '메멘토모리(Memento mori)'를 가슴에 새겨야 한다. '자기 죽음을 기억하라', '사람은 누구나 죽는다' 그러므로 '죽는다는 것을 기억하라', '네가 죽을 것을 기억하라', '너는 반드시 죽는다'를 뜻하는 라틴어 문구다. 이 얼마나 명쾌한 해답인가 말이다. '삶이 유한하다'라는 것을 인지하는 순간 철학이 시작되며 숙연해질 것이다. 태어나는 순간부터 죽음으로 향하는 활시위가 당겨지는 것이다.

요즘 마음공부 세계에서 주목받고 있으며 회복탄력성과 내면 소통의 저자로도 유명한 연세대 김주환 교수는 'Living is Dying!' 삶이 곧 죽음이라고 강조한다. 그는 명상의 순간을 예로 들며 들숨 시 사는 것이며 날숨 시 죽어가는 것이라고 말한다. 김 교수는 9·11테러 희생자들이 자기 죽음을 앞두고 비행기에서 남긴 메시지 대부분이 '미안해', '사랑해', '보고 싶다'라는 말들이었다고 전한다. 여기서 주목할 것은 우리는 죽는 순간까지 후회 없이 오늘이 마지막인 것처럼 지금 이 순간을 살아가야 한다는 삶의 지혜를 배워야 한다.

 삶은 고통의 연속이며 희로애락의 순간이 반복적으로 일어나는 게 우리네 인생이지만 지금 이 순간 'Right Now!' 자세로 살아가야 한다. 그래야 후회가 덜 할 것이다. 6개월 시한부 인생을 선고받은 사람이 생의 마지막을 정리하며 자신이 사랑하는 가족과 소중한 시간을 보내며 삶의 진정한 의미를 깨달았다고 말하는 순간이 온다. 그는 이 짧은 시간이 자신의 인생에서 가장 행복한 시간이었다고 감사해했다는 말은 들을 때 강한 울림으로 다가온다.

 삶의 목적과 목표가 다르며 가치관이 다르겠지만 한 가지는 알고 있어야 지성인이라 할 수 있다. 사람은 누구나 태어나는 순간부터 죽음으로 향하고 있다. 그리고 그 진리만큼은 변함이 없다는 것을 명심하며 하루를 후회 없이 살아가는 사람이 돼야 한다. 날숨이 곧 죽음이라는 것을 인지하는 순간 시간의 소중함을 깨닫게 되며 지금 이 순간을 살아가는 통찰력을 얻게 될 것이다. 자기 자신에게 먼저 사랑한다고 나지막이 속삭이는 대화를 시작으로 가족 그리고 소중한 사람들에게 사랑해! 고마워! 라고 자신 있게 말해 보자. 작은 변화가 시작될 것이다.

메멘토모리를 가슴에 새기는 순간 나는 내 삶의 주인공으로 살아가게 된다. 내 인생 내가 선택하고 책임지며 자유롭게 후회 없이 살아가게 될 것이다. 주도적이고 능동적인 나만의 진실된 삶을 살아가야 한다. 지금 이 순간을 대하는 내 자세부터 변화하게 되고 사랑과 행복으로 충만한 하루가 내 삶의 전부로 여겨질 것이다. 외부로 향한 내 자존심이 내부로 향하는 자존감 높은 삶으로 바뀌며 이기적인 삶이 아니라 이타적인 삶을 살아갈 때 우리는 가치 있고 의미 있는 삶을 살아가게 될 것이다.

시시비비를 가리기에 앞서 제발 삶의 기본에 충실해 보자. '사람은 누구나 반드시 죽는다'라는 대전제를 떠올리며 각성하는 하루를 생각해 보는 삶의 지혜가 충만하길 기대해 본다.

8 행동하라

성공하려면 생각, 말, 행동을 하나로 통일시켜야 한다. 삼위일체의 결론은 실행력이다. 제아무리 뛰어난 사고와 유창한 언변도 실천이 뒷받침되지 않으면 도로 아미타불이다. 변화의 시작은 실행이다. 영어로 'Execution'이다. 나이키가 선두주자 아디다스의 아성을 깨고 넘버원에 오르게 만든 그 유명한 캐치프레이즈 'Just Do It'을 기억하라. 나는 세 단어를 추가하고 싶다. 'Just Do It And Then Some'. 직역하면 '지금 바로 시작하자! 그리고 좀 더 하자!'다. 행동과 실행을 자극하는 문구 중에 최고는 단연 성공연구소 대표 김종수 원장이 주창한 '1톤의 생각보다 1그램의 실천'이 베스트 오브 베스트라 자부한다. 한 걸음 더 나아가 저자가 창안한 'AED'는 실행력에 방점을 찍는 단어다. AED는 알다시피 심장제세동기다. 저자는 이렇게 풀어쓴다.

ACTION, EXECUTION, DOING! 게임오버라 생각하지 않는 가? 이 단어만 뇌게 각인하면 끝이다. 당신을 움직이게 만들 비장의 무기는 이제 당신 것이다.

승자와 패자 그리고 금메달과 은메달의 차이는 1퍼센트에 불과하다. 1퍼센트 차이가 성공과 실패를 가른다니 믿기 어렵겠지만 불변의 진리다. 누구나 한계에 다다르면 그 고통에 힘들어한다. 이것이 인생이다. 인생사 새옹지마(塞翁之馬)다. 내 뜻대로 되지 않고 변수가 많다는 의미다. 인생이 내 맘대로 되면 재미없지 않겠는가. 죽기 전에 인생을 회고해 볼 때 굴곡 많았던 인생이 파노라마처럼 눈앞에 펼쳐져야 제대로 살았노라고 치부할 수 있다. 밋밋한 인생을 살았다면 허무하고 후회가 남을 뿐이다. 한 편의 드라마 같은 인생을 살길 바란다. 지금부터 말이다. 후회 없는 인생이야 없겠지마는 덜 후회하기 위해 지금을 사는 지혜가 충만하길 기대해 본다.

위너는 끈기, 극기, 인내로 범인들이 참기 힘든 고통을 버텨낸다. 실화를 바탕으로 제작된 강제규 감독의 영화 〈1947 보스턴〉의 주인공 서윤복 역을 맡은 배우 임시완은 숨이 턱 밑까지 차오르는 마라톤의 극한 고통을 잘 표현해 내 감동을 선사한다. 마라톤 주자는 마의 35km 지점을 통과하면 자신과의 싸움이 시작된다. 악마의 달콤한 유혹이 멘탈을 강탈하기 시작한다. 이때 승부가 갈린다. 극기하면 승리의 월계관을 쓰고 반대로 악마에게 영혼이 빼앗겨 자신과 타협하면 루저가 된다. 뛰어보면 안 된다. 동일한 페이스로 끝까지 밀어야(?) 좋은 기록이 나온다. 인생은 마라톤이라 했다. 단거리와 장거리를 동시에 뛰어야 한다. 인생 마라톤에서 1% 차이가 천당과 지옥을 가른다.

사람들의 최대 관심사인 행복에 관해 정의해 본다. 무턱대고 지인에게 물어봐라. 왜 사느냐고 묻는다면 십중팔구는 '행복하기 위해서'라고 대답할 것이다. 그런데 '행복'이란 단어는 해석하기가 어렵다. 너무 추상적이고 주관적이기 때문이다. 행복 방정식 개념으로 접근해 보면 이해하기 쉬울 것 같다. '행복=소유/욕망'이다. '행복=실현/기대'다. 여기서 욕망과 기대는 분모로 상상 속의 미래 시점이고, 소유와 실현은 분자로 현재에 창조된 결과물이다. 전자의 행복 방정식은 물질주의고 후자의 방정식은 이상주의 개념이다. 고로 결론은 물질과 이상 두 마리 토끼를 동시에 잡아야 행복할 수 있다는 말이다.

모든 건 맘 먹기에 달려있다. '부자가 되겠노라'고, '성공한다'고, '행복하겠다'고 결심부터 해라. 당신의 소망이 잠재의식에 각인되면 실현되기만 기다리면 된다. '하늘은 스스로 돕는 자를 돕는다'고 했다. 스피노자도 말했다. 내일 지구가 멸망할지라도 나는 한 그루의 사과나무를 심겠다고. 사회가 만들어 놓은 제도나 고정관념에 길들인 사고의 프레임에 갇혀 살지 말고 지금부터 변화의 씨앗을 심자. 생각부터 하고 변화하겠다고 선언한

후 행동에 옮겨라. 습관이 루틴이 되면 불변의 천성을 깨고 작은 변화가 시작돼 행복의 밀알이 되어 줄 것이다. 선택은 당신의 몫이다.

성공하고 싶다면 도전하라. 무행위에는 아무런 결과가 없다. 변화하고 싶으면 행동에 옮겨라. 사고해서 목표를 설정한 다음 실행하면 무조건 결과물이 나온다. 만약 처음에 원하는 결과가 아니라면 원인을 분석해 수정 보완해서 다시 행동에 옮기면 결국에는 원하는 것을 얻을 수 있다. 이것이 과학적인 진리이며 인생에도 그대로 적용된다는 단순한 이치를 깨달아야 한다.

도전하는 자세가 필요하다. 도전하는 당신은 아름답다. 챌린지(Challenge)! 도전하라! 도전하는 자에게는 반드시 기회가 온다. 기회는 준비하는 자에게만 주어진 신의 선물이다. 왜냐하면 기회가 왔을 때 잡기만 하면 성공으로 이어지기 때문이다. 그래서 항상 의식이 깨어 있어야 하며 준비돼 있어야 한다. 준비된 CEO는 언제나 가슴이 뜨겁고 눈에서는 레이저 같은 빛이 뿜어져 나온다. 대기만성 CEO는 어떠한 시련에도 굴하지 않는다. 오히려 불타는 열정으로 멈추지 않고 도전 또 전진하기 때문에 후광이 더욱 빛을 발하는 법이다.

당신은 지금 안주하고 있는가? 아니면 도전하고 있는가? 우선 목표부터 정해보자. 나는 한국에서 가장 높은 3개의 봉우리인 한라산 백록담, 지리산 천왕봉, 설악산 대청봉을 이동시간

포함 24시간 안에 완주해야 하는 '쓰리픽스 챌린지'와 인왕산, 북한산, 도봉산 등 서울의 명산과 둘레길, 도심, 한강까지 명소 100km를 24시간 내에 달리는 '2021 서울 국제울트라트레일러닝 대회인 'SEOUL 100K'를 완주했다. 여기에 철인3종 킹코스 대회 3회를 완주한 철인이다. 나는 평생 'Beyond Myself' 하기 위해 매일 도전하는 삶을 살아가고 있다. 도전과제가 거창할 필요는 없다. 다이어트, 독서, 운동 등 소소해도 충분하다. 중요한 것은 내가 생각해서 도전과제를 선택하고 목표치를 정하고 실행에 옮기고 그 결과에 책임을 지면 된다. 지금 변하지 않으면 내 삶은 예전 그대로 이어질 것이다. 답답하지 않겠는가?

도전해야 변화가 일어난다. 작은 변화가 밀알이 되어 내 삶 전체를 송두리째 바꿔놓는다면 얼마나 행복하겠는가? 과거의 나는 잊고 새로운 미래를 만들어 갈 또 다른 자아를 발견하는 순간 깨달음이 느껴질 것이다. 내 삶의 주인은 나이며 내가 이 세상의 주인으로 모든 걸 선택하고 책임지며 살아가는 진실한 인생 말이다. 나 주식회사 CEO로서 살아가는 지혜가 충만하길 바란다. 도전하라. 그래야 삶이 바뀐다. 지금 이 글을 읽는 순간부터 실행에 옮겨라.

9 역행자가 돼라

　성공하려면 순리자가 아니라 역행자가 돼야 한다. 역행자는 말 그대로 반대로(?) 행동하는 사람이다. 역행자는 상식을 벗어나 예측 불가능하다. 기존의 프레임을 깨고 새판을 짜는 사람이다. 괴짜 천재로 알려진 세계 제1위 부자 일론 머스크의 화성 이주계획이 역행자의 본보기로 안성맞춤이다. 그는 상위 1%의 부자로 99% 범인들의 사고패턴을 깨고 상식 이상의 것을 생각해 내 실행에 옮긴다. 그래서 역행자는 때때로 미치광이, 정신이상자 취급을 받기도 한다. 사후에 빛을 발한 천재 화가 빈센트 반 고흐가 그랬고 서양철학의 시조라 불리는 소크라테스가 그러했다.
　역행자 신드롬을 일으킨 장본인 자청(자수성가 청년)을 주목해야 한다. 2022년 가장 많이 팔렸던 책 역행자는 자청 작가의 첫 책으로 1년 만에 40만 부가 팔리는 기염을 토해냈다. 자청은 2023년 확장판을 출시하며 경제적인 자유를 얻으려면 본능과 유전자의 꼭두각시에서 벗어나야 한다고 다시 일침을 가한다. 그는 확장판 판매액 전액을 기부하며 도덕적 선의지를 실천해 자수성가 청년의 롤모델이 되고 있다. 자청 작가는 MZ세대들의 희망이자 파이어족의 아이콘으로 급부상하고 있다. 자청을 꿈꾸는 예비 자청들은 역행자를 자기계발서의 끝판왕이라고 치켜세운다.

"3개의 울타리를 부수는 삶이 되셨으면 합니다." 자청 '드림'이라는 저자 싸인은 강한 공명으로 독자들의 심금을 울린다. 3개의 울타리만 부수면 경제적 자유를 달성할 수 있다는 강렬한 메시지를 함축하고 있기 때문이다. 여기서 3개의 울타리는 자의식, 무의식, 유전자이다. 자청에 따르면 독서와 글쓰기로 뇌를 최적화해 뇌 자동화가 이뤄지면 3개의 울타리를 깰 수 있고 돈, 시간, 운명으로부터 완전한 자유를 얻을 수 있다고 한다.

MZ세대들에게 상상의 나래를 펼치라고 말하고 싶다. 상상력을 발휘함으로써 기성세대가 만들어 놓은 세상의 벽을 넘어 새로운 이데아(?)를 창조하는 역행자가 되었으면 한다. 젊음은 언제나 활기차고 생명력이 넘쳐난다. 꿈과 희망, 열정 그리고 도전하는 당신은 언제나 아름답다. 니체가 말했다. 나를 죽이지 못하는 고통은 나를 더욱 강하게 만든다고. 순리자의 삶에서 벗

어나 역행자로서 주체적이고 능동적인 삶을 살아간다면 반드시 성공할 수 있다고 본다.

 파이어족을 꿈꾸고 있는 나의 삶에 지대한(?) 영향을 끼친 인생 책 3권을 추천한다. 이지성 작가의 《꿈꾸는 다락방》, 기시미 이치로의 《'미움받을 용기》, 그리고 자청의 《역행자 확장판》을 강추한다. 3권의 책이 독자들의 삶에 작은 변화의 시작을 알리는 마중물이 되었으면 한다.

10 코이의 법칙

 부자가 되기 전에 부자의 그릇부터 키워야 한다는 옛말이 있다. 무릇 그릇이 커야 많이 담을 수 있지 않겠는가? 좀생이 부자보다 후덕하며 마음이 넓은 부자가 존경받는다. 우물 안 개구리는 시야가 좁다. 창공을 비상하는 독수리의 시야는 넓다. 주어진 환경에 따라 인생이 정해지는 법이다. 목표에 삶을 맞춰야 하지 삶에 목표를 맞추면 유리병 안의 호박꽃 인생이 되고 만다. 온실 속의 화초는 이쁘지만 나약하다. 산과 들에 핀 야생화는 그 향기가 더욱 진해 매력적이다. 미시적인 시각보다 거시적인 안목으로 세상을 바라보는 통찰력을 갖춰야 한다.
 성공 방정식을 넘어 기본적인 성공 법칙 '코이의 법칙'에 주목해야 한다. 비단잉어의 하나인 코이가 환경에 따라 성장하는 크기가 달라지듯이 사람도 환경에 비례해 능력이 달라진다는 법칙이다. 같은 물고기인데도 어항에서 기르면 피라미가 되고, 강물에 놓아기르면 대어가 되는 것을 빗대어 '코이의 법칙'이라 부른다. 코이는 작은 어항에서는 10cm가 자라고 수족관에서는 30cm, 강에서는 1m 이상 자란다고 한다. 부자는 타고난다는 말이 과연 옳을까? 후천적 노력에 의해 주어진 환경에 지배를 받는다는 것이 옳다고 본다.

젊은이여, 야망을 가져라! 높이 나는 새가 멀리 본다. MZ세대들은 기성세대가 만들어 놓은 울타리를 허물고 새판을 짜야 한다. 새판을 짜려면 도전정신과 프론티어 정신이 필요하다. 취직이 어려운 이유를 조상 탓, 집안 탓, 환경 탓으로 치부하지 말고 스스로 새로운 환경부터 설정하는 지혜가 필요하다. 환경설정의 기본은 사색이다. 사색을 위한 바이블은 독서. 청년들은 책을 읽어야 한다. 책을 읽어야 생각하게 되고 변화에 대한 욕망이 솟아날 것이다. 지금처럼 '아무 생각 없이 무위도식하다 정말 인생 종치겠구나!' 하는 경각심이 내부 깊은 곳에서 일어나야 한다.

3년 이상 취업 안 하고(?) 집에서 노는 청년 즉 '니트족'이 8만 명에 이른다고 한다. 청년 10명 중 4명은 니트족이라 하니 경악을 금치 않을 수 없다. 통계청의 경제활동인구 15~29세 청년층을 조사했더니 무려 22만 명이 3년 이상 취업을 하지 않은 것으로 나타났다. 대한민국의 미래가 암담하다. 청년들이여! 희망을 갖자. 헬조선이 아니라 드림공화국을 건설하자. 유튜브, 인스타,

페이스북 등 SNS에 헛되이 시간을 낭비하지 말자. 지금 이 글을 읽는 순간부터 한 권의 책이라도 읽고 생각부터 하자. Who Am I? 고뇌하자. How To Live? 행동하자.

  가난하게 태어난 것은 내 잘못이 아니지만 가난하게 죽는 것은 내 잘못이라고 말한 빌 게이츠의 명언을 가슴에 새기자. 한 번뿐인 인생 직진으로 가보자. 인생을 허비하기엔 청년들에게 시간이 아직 많이 남아 있다. 도전하는 당신은 언제나 아름답다. 인생 터닝포인트가 되어 줄 멘토들은 책 속에 많이 있다. 자신이 좋아하는 관심 분야의 쉬운 책부터 읽어라. 그러면 생각의 씨앗이 싹터 행동의 열매를 맺을 것이다. Just Do It! Right Now.

4장

성공 방정식

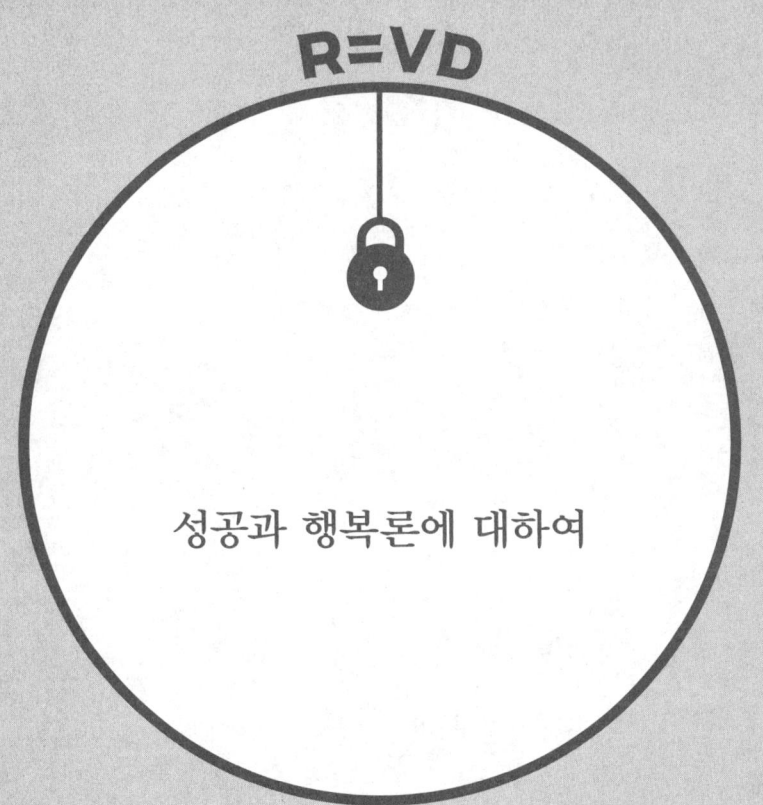

성공과 행복론에 대하여

성경은 기독교의 바이블이다. 절대적인 진리 추구를 위한 답을 담고 있다. 그렇다면 성공 바이블은 있을까? 딱히 성경과 같은 권위를 갖고 있는 성공학 도서는 없다고 본다. 그렇지만 참고할 만한 수많은 성공학 총서가 있다.

성공하려면? 부자가 되려면? 억만장자가 되려면? 시험에 합격하려면? 행복하려면? 건강하려면? 후회하지 않으려면? 등등. 이러한 가정법 질문들을 현실로 실현하려면 어떠한 방법론이 있을까. 성공학 책에서 얻은 지혜를 모아봤다.

첫째, 욕구의 발현이 성공의 출발점이다. 성공하고 싶은 욕구가 없는 사람에겐 성공이 찾아오지 않는다. **성공하려면 미치게 절실하게 진정성 있게 원해야 한다. 그리고 이 단어를 명심해야 한다. 'Responsibility!'** 성공하기 위해선 많은 행동을 하게 되는

데, 책임지지 않고 그냥 행동하기만 한다면, 그렇게 해서 얻은 성공은 성공이 아니다. 그래서 당신이 한 모든 행동에 대해 스스로 책임져야 한다. 이 단어만 기억해도 절반은 성공한 셈이다.

성공하기 위해 한 자기 행동에 대해 변명과 핑계는 절대 금물이다. 현대인들은 결과에 대해 책임지기를 싫어하는 습성이 체화된 것 같다. 이러저러해서 이렇게 됐다. 상황이 안 좋았을 뿐이다. 나는 최선을 다했다. 하지만 결과론적으로 기대에 못 미치게 됐다. 환경과 상황 탓의 방어막 전술을 쓰며 요리조리 빠져나갈 구멍을 찾느라 바쁘다. 자기합리화의 오류에 매몰되어서는 안 된다. 당신이 지성인이라면 제발 핑계 대지 말고 자신이 한 행동의 결과에 대해서만큼은 책임지는 자세를 갖길 바란다.

둘째, 성공하려면 지속가능성에 주목해야 한다. 'Sustainability!' 지속가능성을 확보해야 한다. 탈무드는 말한다. 가장 지혜로운 사람은 평생을 배우는 사람이라고. 인간의 수명을 1세기 100년으로 본다면 태어나면서부터 죽음에 이르기까지 인간은 배움의 연속이어야 한다. 책도 꾸준하게 읽어야 교양이 쌓이며 운동도 계속해야 건강을 유지할 수 있다. 고통과 난관이 찾아오더라도 넘어서야 한다. 꾸준함과 끈기는 지속가능성을 향한 열쇠다. 포기하지 않으면 기회는 반드시 오는 법이다. 그래서 평소에 준비가 잘돼 있는 사람은 기회가 오면 그 기회를 포착해 성공한다.

셋째, 남과 다른 나만의 캐릭터를 강화해야 한다. 'Distinction!' 차별성을 갖춰야 한다. 누구나 할 수 있는 넘버원이 아니라 나만이 할 수 있는 온리원이 돼야 한다. 대중성과 일반화의 익숙함에서 벗어나야 한다. 창의성의 영역까지는 아니더라도 다름을 확인시켜 줄 독창성을 갖춰야 한다. 꽃에는 향기가 나고 사람은 매력이 넘쳐나야 한다. 나비가 꽃에 끌리듯 사람을 감동시킬 정도의 인품을 갖춰야 한다. 당신만의 차별화된 무기를 갖춰야 성공할 수 있다.

마지막으로 자존감을 앙양해야 한다. 'Self Esteem!' 자아존중감을 가져야 한다. 자존감은 내부로 향하고 자존심은 외부로 향해 있다는 걸 알아야 한다. 내 인생의 주인공은 바로 '나'라는 주인의식을 갖고 주체적이고 능동적인 삶을 살아가야 한다. 타인을 너무 많이 의식한 나머지 인정욕구에 빠지면 자존심의 노예로 살기 십상이다. 내가 생각하는 것보다 상대는 나한테 별로 관심이 없고 오로지 자신에게만 관심이 많은 이기적인 편향을 띤다. 결론적으로 'Who am I?', "Being! 존재에 집중해야 한다. 자아와 존재에 대해 평생을 탐구해야 한다. 인문학적인 사고로 접근해야 성공과 행복 두 마리 토끼를 잡을 수 있다.

왜 사느냐고 묻는다면? 인생의 목적은 무엇인가? 답변은 바로 행복하기 위해서 일 것이다. 그렇다면 '행복하려면 어떻게 해야 할까?'라는 근원적인 물음에 해답을 찾기 위해 철학적인 사고로 고찰해 본다.

　첫째, 내려놓아야 한다. 인간의 존재 이유는 기본적으로 욕구 발현이다. 뭔가를 욕망하는 존재이다. 물질적인 욕망과 정신적인 욕망이 대표적이다. 사람은 통상적으로 내적동기가 강하면 정신적인 가치 추구에 집중할 것이고 외적동기가 강하면 물질적인 소유에 집착하게 된다. 성철 스님의 무소유가 행복의 출발점이라고 본다. 머(뭐)니머(뭐)니 해도 머니가 최고로 대변되는 작금의 물질만능주의를 누가 외면할 수 있겠는가? 집, 땅, 차로 대변되는 부의 판단기준을 깨야 한다. 사람을 외적동기가 꽉 찬 외모로 평가할 것이라 아니라 내적동기가 충만한 인격으로 판단하는 지혜가 필요하다. 먼저 페르소나(가면)를 벗어야 한다. 물욕으로 응집된 집착을 내려놓고 본질에 충만한 삶을 살아야 행복할 수 있다.

　둘째, 마음먹기에 달렸다. 나는 나다. 내가 마음먹기에 따라 행복과 불행이 결정된다. 소크라테스의 명언 '너 자신을 알라'를 가슴에 새겨야 한다. Who am I? 내 마음속 또 다른 나인 자아와 소통해야 한다. 평생을 살아가며 자아를 알아가는 가는 것이 인생의 시작이며 행복의 첩경이다. 내가 나를 모르면 게임 오버다. 먼저 내 감정을 잘 다스려야 한다. 내 감정을 알아차려야 분노조절장애를 예방할 수 있다. 행복의 감정에 집중하면 할수록 행복해진다. 반대로 불행에 집중하면 우울증에 걸리기 십상이다. 외적 환경에 본능적으로 반응하기보다 상황을 제대로 파악한 후 수용하는 마음 자세가 필요하다. 자신의 감정에 충만해야 행복할 수 있다.

셋째, 인정욕구에서 벗어나야 한다. 사람은 남을 너무 의식하며 살아가고 있다. 인간은 타인의 욕망을 욕구하는 존재라는 말도 있다. 하지만 타인은 오로지 자기 자신에게만 관심이 있고 나에게 관심이 없다는 사실을 알아야 한다. 내가 뭘 입고 내가 뭘 하는지에 무관심하다는 말이다. 인간은 누구나 이기적인 존재이기 때문이다. 남의 시선을 무시하는 삶의 지혜가 필요하다. 이기적인 것이 가장 이타적이라는 말도 있다. 내 것이 채워져야 남 것도 채워줄 수 있다는 말이다. 남 눈치만 보는 거짓된 삶을 그만두고 내 삶에 비겁하지 않은 자신에게 솔직한 삶을 살아가야 행복할 수 있다.

넷째, 지금을 살아가야 한다. 하루살이 같은 충만한 삶을 살아야 행복할 수 있다. 누군가 먼 미래가 아니라 나는 내일만을 위해 살아간다고 말한다면 나는 오로지 오늘만을 위해 살아간다는 맞장구로 응대하라. 오늘이 쌓여 내일이 되고 내일이 쌓여 미래가 되는 법이다. 다음은 없고 바로 지금만 존재할 뿐이다. 지금을 사는 지혜가 늘 충만해야 행복할 수 있다.

마지막으로 시성비 있게 살아가야 한다. 시간은 누구에게나 동등하다. 분과 초 단위로 시간을 쪼개서 사용하는 지혜가 필

요하다. 피할 수 없으면 즐기는 것이 상책이라 했다. 오늘 내가 사용한 시간이 내일의 나를 결정하는 법이다. 원스텝이 필요할 뿐이다. 내가 잠자리에 들기 전 오늘 하루를 성찰할 때 왠지 모를 뿌듯한 충만감이 느껴져야 한다. 나는 오늘 충만한 하루를 보내 행복하구나, 라고.

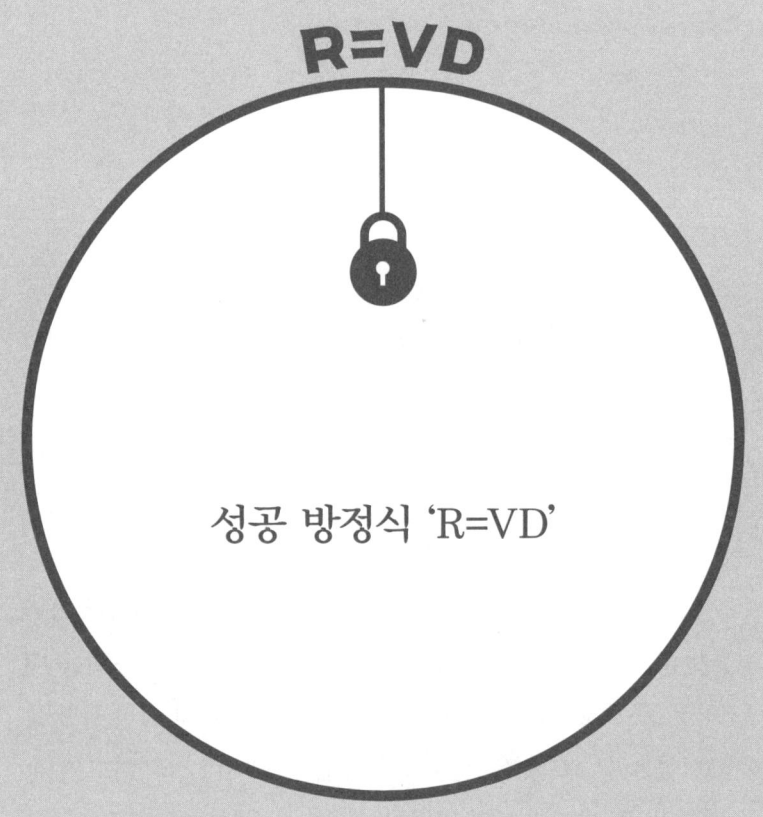

성공 방정식 'R=VD'

세계 제일의 부자는 누구일까? 이 단순한 질문에 호기심이 말초신경을 자극해 대뇌의 전두엽까지 전달되는 것 같다. 그만큼 부와 성공에 관한 관심이 높기 때문이 아닐까 생각해 본다. 사람은 누구나 성공을 꿈꾼다. 하지만 각자의 처한 상황과 위치에 따라 성공의 기준은 다를 수 있다.

당신의 '꿈'은 무엇인가? 여기서 '꿈'은 비전이라는 개념이 아니라 누군가 꼭 이루고자 하는 원대한 포부 즉 실현 가능성을 내포하는 '뜻'으로 해석했으면 좋겠다. 지금 CEO로서 당신은 '뜻'을 갖고 있으며, 그 '뜻'을 현실화하기 위해 얼마나 노력하고 있는가? 스스로 자문해 보길 바란다.

아시아를 대표하는 CEO를 손꼽으라면 누구를 선택하겠는가? CEO 전문기자인 나는 한 치의 망설임 없이 중국 알리바바

그룹의 CEO '마윈'과 일본 소프트뱅크의 CEO '손정의'를 추천한다. 온라인 플랫폼의 완성을 꿈꾸는 중국을 대표하는 CEO 마윈은 《마윈 내가 본 미래》라는 저서에서 CEO는 10년 후, 50년 후를 내다보라고 일갈한다. 인공지능, 로봇, 사물인터넷으로 패러다임 시프트를 갈망하는 CEO 손정의는 597페이지에 달하는 《손정의 300년 왕국의 야망》이라는 책에서 300년 지속 가능한 기업의 대업을 이루겠다는 그의 '뜻'을 내비치고 있다.

40세 넘어 독서의 매혹에 빠져든 나는 이미 존경하는 두 CEO의 책을 오래전에 읽었다. 전자는 정동진 새해 일출을 보러 떠난 가족여행에서, 후자는 베트남 나트랑으로 떠난 가족 여름휴가에서 감명 깊게 읽었다.

개인적으로 마윈과 손정의는 사뭇 닮은 CEO로 평가하고 싶다. 마윈은 교편을 잡은 교사 출신에서 친구들과 창업해 지금은 중국이 낳은 세계적인 스타 CEO로 이름이 거론되고 있다. 손정의 회장은 재일 한국인 3세 출신으로 판자촌에서 불우한 유년시절을 보내다 미국 실리콘밸리에 유학 후 일본으로 돌아와 창업, 현재는 영국의 반도체 칩 설계회사인 암 홀딩스를 33조 원이라는 거액으로 인수해 승부사 CEO로 평가받고 있다. 이 두 CEO의 미래 역사지도는 지금도 쓰여지고 있어 그들의 '뜻'이 어떻게 이뤄질까 궁금해진다.

1992년 미국의 빌 클린턴 전 대통령이 대선에서 내건 슬로건

"바보야, 문제는 경제야!"를 기억하는가? 21세기 경제는 즉 '돈'으로 정의되고 있다. '현대의 신은 돈'이라는 표현이 생겨날 정도다. 기업가, 정치인, 언론인, 교육자 등 각계각층을 대표하는 지식층 그룹은 경제가 살아나면 다시 말해 돈만 들어오면 부가 창출되면 만사형통이라고 믿고 있다.

노르웨이, 스웨덴, 덴마크 등 이른바 북유럽의 선진 복지국가 국민의 행복지수는 우리가 생각했던 것보다 높지 않다는 조사 결과가 나왔다. 여기서 주목할 점은 금전적인 해방 즉 국가가 노년의 삶을 보장해 주지만 이들 나라 국민의 삶은 나아진 게 없다고 한다. '행복은 돈으로 살 수 없다'라는 것을 보여주는 반증으로 풀이하면 비약일까?

고미숙 작가의 저서 몸과 우주의 정치경제학《바보야, 문제는 돈이 아니라니까》라는 책 제목이 모든 현대인의 심금을 울리길 기대해 본다. 믿거나 말거나지만 세상만사 마음과 자연으로 하나 되어 물질에서 벗어나 행복 가치로 통하는 유토피아 세상이 왔으면 좋겠다.

세계 최대 전자상거래 기업 아마존의 CEO 제프 베조스, 'Think Week'로 유명한 마이크로소프트의 빌 게이츠, 투자의 귀재 워렌 버핏, 명품업계의 거물 루이뷔통 모에 헤네시 그룹의 베르나르 아르노, 소셜 네트워크 서비스 페이스북과 인스타의 설립자 메타의 '마크 저커버그 등이 세계 갑부 순위 10위에 회자된다. 이밖에 중동의 석유 재벌과 세상에 알려지지 않은 부자들도 많고 이들 억만장자의 순위는 주식처럼 오르락내리락 한다. 이들의 성공 비결은 무엇일까?

새해 덕담으로 "대박나라~", "부자돼라~", "돈방석에 앉아라~" 등 물질적인 기원을 많이 전하곤 한다. 그만큼 국내 경기가 매우 어렵다는 방증이다. 이에 누구나 꿈꾸는 "Success(성공)"에 대해 생각해 본다. 성공의 방정식 'R(Realization)=VD'(Vivid Dream)를 소개한다. 베스트셀러 《꿈꾸는 다락방》의 저자 이지성 작가가 최초로 정립한 공식이다. 개인적으로 아인슈타인의 'E=MC2' 공식에 버금가다고 본다. 아니 받아들이기에 따라 더 나은 공식일 수도 있다.

쉽게 말해 'R=VD'는 성공의 방정식으로 '생생하게 꿈꾸면 이루어진다'라는 의미다. 허무맹랑한 근거 없고 터무니없는 소리처럼 들릴 수 있겠지만 세계적으로 권위 있는 자기계발서의 작가들만이 알고 있고 인증한 공인된 사실이다.

혹자는 이상과 현실의 왜곡이라 반문을 제기할지도 모르겠다. 하지만 세계적인 갑부들은 이 공식의 힘을 이미 알고 있으며 실천해 부귀영화를 누리고 있다. 심지어 자손들에게 이 공식을 대물림하고 있다. 이 공식을 정립한 이지성 작가가 바로 산 증인이라 할 수 있다. 이지성 작가는 빚 20억 원에 15년간 무명작가 시절을 보낸 후 40억 원의 인세를 받는 베스트셀러 작가로 등극했다. 그야말로 인생 역전의 성공 스토리 주인공이 됐다. 이유인즉 이 작가 본인 스스로 'R=VD' 공식의 완벽한 실천자였기 때문이다. 'R=VD' 공식을 실천한 세계적인 갑부들이 헤아릴 수 없을 정도로 많다.

이지성 작가는 단순히 생생하게 꿈꾸는 이상의 초월적인 미래 혜안, 다시 말해 마치 미래가 현실처럼 느껴질 정도의 몰입이 전제돼야 꿈이 실현된다고 강조하고 있다. 성경의 진리 "두드리라, 그러면 열릴 것이다"를 'R=VD' 공식에 접목해 봤다. "두드리라=생생하게 꿈꿔라" "열릴 것이다=실현될 것이다." 신념의 마력은 그 힘이 무한대다.

"내가 헛되게 보낸 오늘은 어제 죽은 사람이 그토록 살고 싶어 했던 내일이다"라는 명언을 되새겨 보길 바란다. 행복의 가치와 기준이 꿈의 성취라고 단언할 수 없지만 'R=VD' 공식을 통해 모두가 성공하는 그날이 오길 기대해 본다.

인생은 B(Birth)와 D(Death) 사이에서 C(Choice)를 선택하는 것이다. 고로 삶은 매 순간 선택의 연속이다. 내가 행복을 선택하면 행복할 것이고 불행을 선택하면 불행해진다. 인생사 마음먹기에 달려 있는 셈이다. 사람은 누구나 성공과 행복을 인생의 우선순위로 꼽는다. 여기에 건강은 필요충분조건이다. 철학자, 군자, 현자, 지성인들은 이구동성으로 인생을 논한다. No Pain, No Gain! 고통이 없으면 얻는 것이 없다. 간단명료하지만 인생의 핵심을 관통하고 있다.

구해서 받고 찾아서 얻고 두드려서 열리는 그런 원더풀한 인생을 만들고 싶다. 강한 소망은 반드시 이루어진다. **성공 방정식 R(Realization)=VD(Vivid Dream)를 증명시키겠다. 결과로 보여주겠다. 고통이 없이는 얻는 것도 없는 법이다. 고로 타인보다 차별화된 생각과 행동으로 노력해 원하는 결과를 창출해 내겠다.** 원하는 것을 끌어당기기 위해 10할의 의식은 현실을 인식하게 만들고 나머지 90%의 잠재의식을 일깨워 성공의 마스터키를 열겠다. 억만장자가 되어 성공 메신저로서 롤모델이 되어 세상에 공명을 전파하겠다고 확언한다.

성공의 마스터키 '끌어당김의 법칙'

　양자역학의 핵심은 '끌어당김의 법칙'이다. 뭐든지 원하는 것을 자석처럼 끌어당기면 얻을 수 있다는 원리다. 허무맹랑한 소리라고 치부할 수 있겠지만 이 진리를 믿어야 성공할 수 있다. 상위 1% 부자들의 성공 비결이 끌어당김의 법칙에 있다면 신뢰하겠는가? 요술램프 지니처럼 언제든 원하는 것을 얻을 수 있다면 인정하겠는가? 결론부터 말하면, 성공의 문을 여는 마스터키가 바로 끌어당김의 법칙이기 때문에 믿어야 한다.

　거룩한 세계 10대 부자들이다. 이들의 이름을 가슴에 새겨 기억하길 바란다. 당신도 끌어당김의 법칙을 믿으면 이들처럼 세계 최대의 부자로 이름을 떨칠 수 있다.

〈2024 포브스기준 세계 10대 부자들〉

테슬라 일론 머스크, 아마존 제프 베이조스, 오라클 래리 엘리슨, 페이스북 마크 저커버그, 루이뷔통모에헤네시(LVMH) 베르나르 아르노, 버크셔 해서웨이 워렌 버핏, 마이크로소프트 빌 게이츠, 구글 래리 페이지, 인디펙스그룹 아만시오 오르데카, 구글 세르게이 브린

누구나 이들의 기운을 끌어당기면 부자가 될 수 있다. 솔깃하지 않은가? 나는 지금 이 거룩한 CEO들의 이름을 거론한 사실 자체만 생각만 해도 가슴이 뜨겁다. 왜냐면, 마라톤을 뛸 때마다 의식처럼 이 부자들의 이름을 부르며 부의 기운과 에너지를 달라고 마음속으로 염원해 왔기 때문이다.

팩트는 여기에 있다. 마음속 깊은 곳 즉 내부적으로 생각해서 간절히 소망하는 것을 외부 세계 즉 현실 세계에 물질로 형상화시켜 내는 거다. 쉽게 풀이하면, 이미지 트레이닝, 시각화로 널리 알려진 성공의 방식이다. 나는 성공의 방정식 'R(Realization)=VD(Vivid Dream)'라고 정의하고 있다. 생생하게 꿈꾸면 실현된다는 진실이다.

당신의 꿈은 무엇인가? 나는 '아시아 NO.1 사회공익재단 'VDR'재단을 만드는 것'이다. 이유는 명료하다. 선한 영향력을 만천하에 공명처럼 전달해 생각하는 사람은 누구나 부자가 될 수 있다는 것을 증명하는 것이다. 그래야 사람들은 믿기 때문이다. 눈에 보이는 현실 세계만 인정하고 받아들이는 본성 때문이다.

우리 사회가 수만 년 동안 각인해 놓은 고정관념과 편견에 사로잡혀 사람은 쉽게 사고가 바뀌지 않는 것도 알고 있다. 하지만 기회는 만인에게 열려있고 생각하는 모든 걸 실현할 수 있다고 말하고 싶다. 사실이며 진실이다. 광의적 의미로 부자를 염원하면 누구나 부자가 될 수 있는 행복한 세상을 만드는 것이 나의 소망이다. 나도 부자가 될 수 있고 당신도 부자가 될 수 있다. 끌어당김의 법칙이 진리라는 사실을 받아들이고 실천하면 된다.

상식선에서 생각해 보자. 왜 부자는 일부에게만 허락되는 신의 선물일까? 부자들은 끌어당김의 법칙을 뼛속까지 실천하고 있기 때문이다. 지니의 주인으로 살고 싶지 않은가? **당신이 원하는 모든 걸 강한 자석처럼 끌어당겨 보자. 네 마음속 깊은 어딘가에 잠재된 무의식을 의식의 세계로 실현하기 위해 끊임없이 사색하라. 성공을 향한 당신의 강한 에너지가 파동을 일으켜 세계 10대 부자들의 마음을 움직여 그들의 에너지와 연결돼 성공의 행운을 당신에게 안겨 줄 것이다. 생각하고 믿고 끌어당기면 이뤄진다. 지금 실행하라. 그리고 느껴라.**

퀀텀 리프 하라

누구에게나 시간은 공평하다. 하지만 사람에 따라 시간이 빠르게 느껴지기도 하고 한없이 늦게 흘러가기도 한다. 이유가 뭘까? 똑같이 주어진 시간이지만 시간을 대하는 태도가 사람마다 다르기 때문일 것이다.

나의 하루는 언제나 치열하고 뜨거운 가운데 한해를 바쁘게 살아온 거 같다. 2017년 1월이 내겐 터닝포인트(TP)였다. 기자에서 발행인 겸 CEO로의 변신. 이 도전의 출사표를 던진 지가 엊그제 같은데 벌써 사업 8년 차를 맞이하고 있다.

2024년은 내게 또 다른 의미로 다가온다. 내 나이 어느덧 쉰 살이다. 이 지천명(知天命)의 나이에 나는 '퀀텀 리프'를 하고 싶은 마음 간절하다. 퀀텀 리프(Quantum Leap)란 양자가 에너지를 흡수해 다른 상태로 변화할 때 서서히 변하는 게 아니라

기하급수적으로 변화하는 양자 도약처럼 폭발적인 성장을 의미한다.

대나무가 성장하는 모습에서 퀀텀 리프의 지혜를 배운다. 중국 극동지방에서만 자라는 희귀종 모소 대나무는 싹이 트고 나서 4년간 거의 자라지 않는 대나무로 유명하다. 이후 5년째가 되면 모소 대나무는 하루에 1미터 가까이 자라며 폭발적인 성장을 한다. 모소 대나무의 1시간 생장 속도는 소나무 30년 길이 생장에 해당한단다. 퀀텀 리프의 전형적인 본보기로 안성맞춤이다. 4년간 땅속에서 묵묵히 참고 견뎌온 모소 대나무의 인고의 노력이 가히 존경받을 만하다고 본다.

과정이 결과로 이어지기까지는 무조건 일정 시간을 거쳐야 한다. 어떤 사람은 시간이 조금 걸리기도 하고 어떤 사람은 굉장히 빠르게 성장해서 성공하기도 한다. 인생사 '운칠기삼(운이 칠 할이고 노력이 삼 할이라는 뜻)'이라는 말이 있듯 성공에는 반드시 '운'이 작용한다. 퀀텀 리프 같은 성공에도 반드시 운이 따른다. 그런데 운이라는 건 늘 준비하고 있는 사람에게 찾아온다. 준비하지 않는 사람은 찾아온 운조차 알아채지 못한다.

준비된 자에게 기회가 반드시 오는 법이다. 성공을 끌어당기면 언젠가는 성공한다. 문제는 시간이다. 성공에는 프로세스가 필요하다. 모소 대나무가 4년의 인고의 과정을 거쳐 퀀텀 리프했듯이 사업가가 대성하기 위해서는 사람을 모으고 시스템을

정착시키고 CEO로서 탁월한 리더십을 발휘해야 한다. 세상에 공짜는 없는 법이다. 현재의 고통을 참고 인내하는 과정이 있어야 미래에 성공을 달성할 수 있다. 성공과 실패를 거듭하며 롤러코스터를 타더라도 반드시 성공한다는 신념으로 현재의 고통을 참아내야 한다. CEO라면 응당 거쳐야 할 과정이다. 그 이후는 그토록 원했던 성공의 달콤한 열매를 맛보게 될 것이다.

피할 수 없으면 즐겨야 한다. 성공학의 대가 브라이언 스테이시는 아침부터 가장 싫어하는 일, 즉 "개구리를 삼키는 일부터 해야 성공할 수 있다"라고 말한다. 큰 부자는 하늘이 내린다고 했다. 성공을 위해 당신의 오늘 하루를 지배하라. 성공과 성취를 끌어내는 데 결정적인 역할을 하는 끈기와 용기, 다시 말해 성공 그릇을 강화해야 한다. **성공 마인드셋을 장착하고 성공루틴을 만들어 내무의식에 성공의 씨앗을 뿌려야 한다. 나를 모소 대나무로 만들 사람은 오직 나뿐이다. 내가 나 자신을 믿고 자존감을 앙양하면 반드시 퀀텀 리프 할 수 있다. 내 안에 잠든 거인을 깨우는 순간 모소 대나무처럼 폭발적인 성장을 실현할 수 있다.**

당신이 성공을 원했으니까 반드시 부자가 될 수 있다. 억만장자가 되겠다고 마음먹은 순간 모든 에너지가 부를 끌어당길 것이다. 내가 한계를 긋는 순간 내 한계가 정해지듯이 끝을 봐야 한다. 물은 섭씨 100도에서 끓는다. 99도에서 멈추는 순간 나의 성공은 물 건너간다. 4년이 아니라 10년이 걸릴지라도 성공에 대한 강한 확신으로 그릿과 성공루틴을 절대로 멈추지 않고 지속한다면 당신은 반드시 퀀텀 리프 할 수 있다. 대운이 당신의 편에서 성공으로 인도할 것이다.

시간은 다이아몬드다

    시간은 다이아몬드고 돈은 골드다. 머(뭐)니 머(뭐)니 해도 돈이 최고라 치부하지만, 유한한 시간이 무한한 돈보다 소중하고 가치 있는 존재라는 걸 인지해야 한다.
    요즘 새롭게 주목받는 '시성비 트렌드'에 주목해야 한다. 2024 트렌드 코리아에서 '분초사회'가 이슈화되고 있다. 합리적인 가치소비의 대명사 '가성비 트렌드'에서 시간가치 소비의 '시성비 트렌드'가 대세로 떠오르고 있다. 이처럼 시간이 희소자원이 되면서 시간 효율성을 극도로 높이려는 사람이 많아지고 있다는 방증이다. 신이 만인에게 평등하듯이 시간 또한 모든 사람에게 동등하게 주어졌다. 고로 시간을 어떻게 사용하느냐에 따라 인생이 달려있다고 해도 과언이 아니다. 분과 초를 다투듯이 시간이 갑인 분초사회에서 시간 가성비를 높여야 경쟁력을 갖춰 성공할 수 있다.

시간 가성비를 높이기 위해 우선 돈보다 시간의 가치를 삶의 제일 우선순위로 둬야 한다. 그런 다음 시간을 분과 초 단위로 세분화해서 사용하는 습관을 들여야 한다. 예를 들어, 컴퓨터의 멀티태스킹 개념으로 시간을 효율적으로 사용하면 된다. 여러 일을 함께 한꺼번에 처리하면 효과적이다. 이를 위해 일을 처리할 때 결론부터 확인하는 습관을 체화해야 한다. 미래에서 역산해 현재의 행동을 결정하면 기대 이상의 효과를 얻을 수 있다.

부자들의 미라클 모닝을 통해 시성비의 극치를 깨달을 수 있다. 억만장자들은 긴급하지 않지만 중요한 일을 이른 시간에 해낸다. **대부분의 성공한 사람들은 통계적으로 4시에서 6시 사이에 일어나 명상, 독서, 운동하는 습관이 몸에 배어있다. 부자들의 세 가지 공통된 아침 루틴이 성공키워드로 정의된다. 이구동성으로 부자들은 자아와 독대할 수 있는 시간을 많이 가지라고 조언한다.** 오롯이 혼자만의 소중한 시간을 확보해 방해받지 않고 자신에게 몰입할수록 성공의 관문에 가까이 다가갈 수 있다. 부자와 빈자의 차이는 시간 효율성에 달려있다고 해도 과언이 아니다. 성공을 원한다면 미라클 모닝으로 성공의 첫 신호탄을 쏘아 올려야 한다.

시성비의 핵심은 행동과 실천이다. 시간이 행동으로 이어질 때 결과가 나온다. 부자가 되고 싶다면 'Just Do It Now!', 지금 바로 해! 공자도 말한다. 눌언민행(訥言敏行)하라. '말은 서투르게 하더라도 행동은 민첩하게 하라'는 뜻이다. 제아무리 원대한 포부와 비전을 갖고 있더라도 행동으로 외부에 표출하지 않으면 도로아미타불이다. 노자의 말은 나를 사고하게 만든다. "아는 자는 말하지 않고 말하는 자는 알지 못한다"라고.

결론적으로 가성비 있게 시간을 써야 시성비가 올라간다. 시성비의 가치는 지금을 사는 지혜가 늘 충만해야 깨달을 수 있다. '다음은 없다'라는 것을 가슴에 새겨라. 그래야 시간의 소중함을 알고 시간을 허투루 낭비하는 일이 없다. 작은 분초 단위의 시간이 모여 행복을 만든다. 앞으로 시성비가 트렌드를 넘어 영속할 거다. 그것이 성공 열쇠이기 때문이다. 시간의 기회는 누구에게나 동등하게 주어졌더라도 그 가치의 사용 유무에 따라 성공이 갈린다.

'세월 앞에 장사 없다'라는 말처럼 세상만사 다 때가 있는 법이다. 성공에 있어 타이밍이 그만큼 중요하다는 사실을 알고 있어야 한다. 시간은 지금도 흐른다. 인간은 태어나면서부터 죽음으로 향하고 있음을 인지하는 순간 철학적인 고뇌가 시작될 것이다. 여기서 우리는 유한한 시간의 중요성을 깨달아야 한다. 시간 컨트롤러가 되어야 성공할 수 있다.

시간이 금인 걸 아는 사람은 지금을 사는 사람이며, 행복한 사람이며, 성공할 확률이 높다. '카르페디엠', '욜로' 가 유행어로 회자되고 있지만 실제 이 말의 의미대로 살고 있는 사람은 소수에 불과하다고 본다. 왜냐하면 현실의 무게에 휘둘린 나머지 수동적인 삶을 살기 때문이다. 이들은 과거를 반성과 후회하면서도 냉혹한 현실의 무게를 한탄하며 불안한 미래를 걱정만 하다 지금을 살지 못한다. 지금 이 순간 나는 시간 컨트롤러로서 이미 지나간 과거의 미련을 버리고 오지 않은 미래를 생각하지 않고 지금을 살겠노라고 맹세하라.

나는 내 삶의 주인공으로서 내 삶은 내가 결정한다. 나는 내 삶의 결정권자로서 모든 의사결정은 내가 하고 그에 따른 책임은 내가 진다. 이것이 바로 능동적인 삶의 시작이다. 이러한 삶은 용광로 같은 뜨거운 열정을 원동력으로 삼아 한 번뿐인 인생 후회 없이 행복하며 성공으로 안내하는 인생 나침반이 된다. 여기에 확고하고 명확한 인생 목표를 설정하고 구체화해 한 문장으로 인생 노트에 작성해 매일 암송하라. 나는 이미 부자 수첩에 적어 놓았고, 매일 암송하며 하루를 열어가고 있다. 아시아 최대의 사회 공익재단 'VDR재단=Vivid Dream Realization)'을 설립한다. 성공하고 싶다면 당신도 나처럼 실천해 보길 권한다.

오늘 당신이 한 모든 행동이 내일의 당신 모습을 결정한다. 이 얼마나 단순하며 소름 돋는 말인가? 시간을 지배해야 내 삶의 주인공으로서 능동적인 삶을 살아갈 수 있다. **당신은 하루**

살이가 하루를 살아가는 것처럼 시간을 목숨처럼 소중하게 대해야 한다. 시간을 하나의 인격체로 존중해야 하며 내 시간이 소중하듯 상대방의 시간도 존중해야 한다. 약속은 칼같이 지켜야 신뢰를 얻고 성공할 수 있다. 나의 시간은 활시위에 당겨진 화살처럼 전진해 나간다. 리턴은 없다. 대물릴 수 없는 내 인생을 인지한 지금 이 순간부터 능동적인 삶을 살아가야 한다.

양자역학에서 비슷한 것끼리 당기는 끌어당김의 법칙이 있다. 성공하고 싶다면 세계적인 대부호의 시간 활용법을 끌어당겨 사용하면 된다. 나는 바다 수영, 마라톤, 사이클, 클라이밍과 같은 운동을 하면서 한계 상황에 도달하는 순간, 대부호의 성공 에너지를 끌어당김을 느끼고 배운다. 극한의 상황에서 인간은 잠재된 무한능력을 끌어당겨 사용할 수 있기 때문이다. 성공하고 싶다면 지금 이 글을 읽는 순간부터 사고하라. 독서하고 운동하라. 심신을 단련하라는 말이다. 동서고금을 막론하고 익히 알려진 성공의 비결이다. 1톤의 생각보다 1그램의 실천이 중요함을 아는 당신, 왜 실천하지 못하는가? 내가 시간을 지배하는 순간 성공은 이미 내 것이 될 것이다. 지금을 사는 지혜가 늘 당신과 함께 하길 바란다.

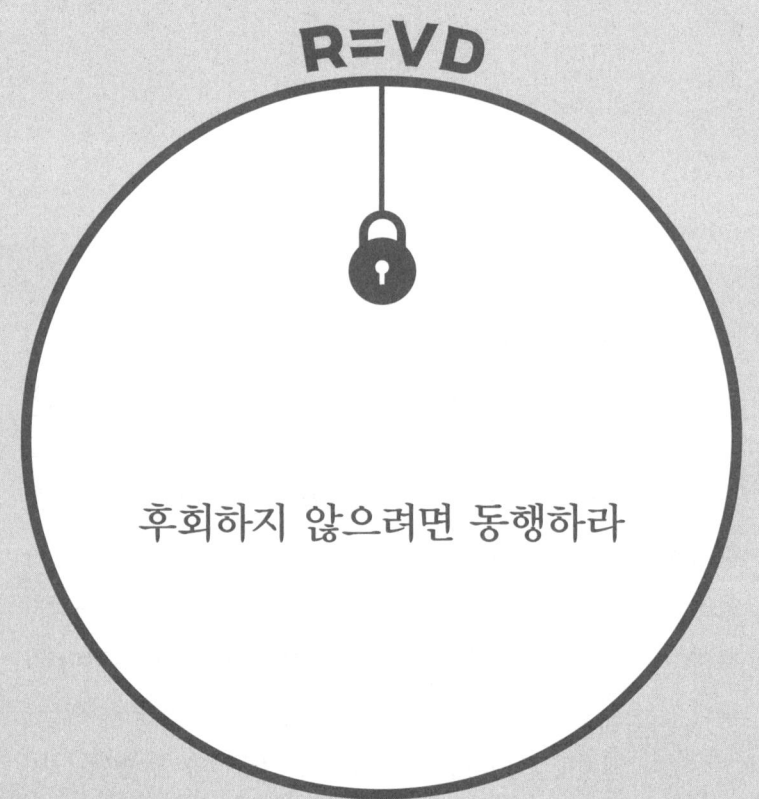

후회하지 않으려면 동행하라

나의 하루는 언제나 뜨겁고, 치열하며, 열정적이다. 지금 이 순간을 사는 지혜가 늘 충만하다. 후회 없는 행복한 삶을 위해 내가 항상 가슴에 새기는 확언이다. 여기에 '까르페디엠', '아모르파티', '메멘토모리' 세 단어를 인생철학으로 삼아 능동적이고 주체적인 삶을 살아가고 있다. '모든 게 고맙고, 감사합니다'를 입에 달고 산다. 또한 영문학도 시절 배운 노벨문학상 수상자 조지 버나드 쇼의 묘비명 "우물쭈물하다 내 이럴 줄 알았다"가 후회 없는 삶을 위한 강한 내적동기로 자리 잡고 있다.

코로나 엔데믹을 지나면서 공허감이 현대인의 삶 전반을 지배하고 있다. 라이프코드의 대표이자 인플루언서인 조남현 강사의 인생 코치가 가슴에 꽂힌다. 조 강사는 저성장 시대에 사회 전반적으로 목표와 집단의식의 부재로 공허감이 만연하다고 진단하고 있다. 그의 말에 전적으로 공감한다. 조 강사는 입시생의 경우 SKY(서울대, 고대, 연대)가 아니라 오로지 메디컬(의대, 치대, 한의대)을 나와야 안정된 삶이 보장된 만큼 상위 1% 학생만 공부에 올인한다는 것이다. 직장인도 상황은 마찬가지다. 열심히 일해봐야 부자가 될 수 없기에 그냥저냥, 대충, 어정쩡한 회사 생활을 하고 있다고 진단한다. 충만한 삶은 없고 공허만이 가득 차 있는 안타까운 현실이다.

가성비를 넘어 시성비가 대세다. 유한한 DNA 굴레에서 어느 정도 벗어나려면 'Right Now!' 바로 지금을 살아가야 한다. 다음은 없다. 하루를 충만하고 알차고 보람되게 사는 것만이 공허감에서 벗어나 충만한 삶으로 향하는 첩경이다. 내 삶에 비겁하지 않아야 한다. 지금이라도 늦지 않았다. 사고가 바뀌면 행동이 바뀌고, 행동이 바뀌면 습관이 바뀌고, 습관이 바뀌면 인격이 바뀌고, 인격이 바뀌면 품격이 된다. 외적동기가 충만한 불안정한 삶에서 내적동기가 충만한 행복한 삶으로 포지셔닝 해야 한다.

후회하지 않으려면 책임지는 삶을 살아야 한다. 내 말과 행동 그리고 모든 선택에 대해 내가 책임져야 한다. 내가 오늘 허비한 하루는 어제 죽어간 사람이 그토록 살고자 했던 내일이었음을 명심해야 한다. 시간을 분초 단위로 쪼개서 살아가는 정신자세가 필요하다. 오늘 바로 지금 이 순간에 행위를 하지 않으면 아무런 변화도 일어나지 않는다. 내가 시간을 사용한 만큼 미래에 딱 그만큼만 변화가 생긴다. 지금부터 내가 달라지겠다고, 부자가 되겠다고, 성공하겠다고 맘먹은 순간부터 내 모든 시간과 에너지를 그 방향으로 사용하면 돋보기 원리가 작용할 것이다. 나아가 레이저처럼 전 세계에 내 영향력을 전달할 수 있을 것이다.

끝으로 변화하겠다고 생각한 순간, 마음먹은 순간부터 행동으로 옮겨야 한다. 인간은 행위하는 동물로 규정할 수 있다. 감나무 아래 누워 홍시가 떨어지길 기다리는 우를 범하지 말아야 한다. **작은 행동들이 모여 내 삶, 내 인생이 만들어진다. 나는 내 영혼의 선장이며 내 운명의 지배자가 돼야 한다. 선택은 당신의 몫이다. 인간의 타고난 성향은 바꿀 수 없다지만 지금 내가 후회 없는 삶을 위해 변화해야겠다고 마음먹은 순간부터 조금씩 품격이 달라지기 시작할 것이다.** 장기적인 목표에 지금 이 순간을 허비할 것이 아니라 단기적이고 가시적인 목표에 집중해야 한다. 목표지향적인 삶에서 과정에 충실한 삶을 살아가면 공허감이 사라지고 행복감이 충만한 삶을 살아가게 될 것이다. 후회하지 않으려면 생각부터 바꾸고 행동에 옮기기를 바란다. 바로 지금 이 순간부터.

젊은 시절, 가장 오래된 불교 경전 숫타니파타에서 유래된 '무소의 뿔처럼 혼자서 가라'란 경구를 무척 좋아했던 기억이 있다. 사는 것은 언제나 선택의 연속이고 수많은 선택의 순간, 혼자서 외로운 결정을 내려야 했다. '인생은 어차피 고독하다'는 생각을 뼛속 깊숙이 각인한 사람처럼 살아왔다. 하지만 인간은 사회적인 동물로 관계 속에서 살아가야 한다. 빨리 가려면 혼자서 가고 멀리 가려면 함께 가라는 말이 있듯이 한평생 누군가와 함께 걸어가야 한다. 행복한 성공을 이루려면 인생의 단거리와 장거리를 함께 걷고 뛰어야만 한다.

나는 7월 초 장마 속 무더위에 실미도 주변을 혼자서 자유 수영으로 완주했다. 오전 8시에 입수해 1시간 40분 걸려 실미도 한 바퀴인 3.2km를 프리스타일로 수영으로 완영했다. 예전에 지인 두 명과 함께 셋이 완주한 경험은 있지만 혼자서 위험한 바다 수영에 도전한 것은 처음이라 감회가 새로웠다. 혼자서 두려움과 공포를 이겨내고 완주한 기쁨이 컸지만 역시 객기에 불과했다는 사실을 뒤늦게 깨달았다. 해파리의 습격으로 간을 졸여야 했던 적이 여러 번 있었고, 뭔지 모를 해류의 이끌림에 놀라서 심정지가 올 것 같은 순간이 있었다. 내가 참가했던 지난 6월 2일 군산챌린지 철인 3종 킹코스 대회에서 60대 철인이 심정지로 사망했던 일이 떠오르기도 했다. 예전처럼 동행자가 있다면 좀 더 안전하고 행복한 바다 수영을 즐길 수 있었으리라.

마음먹은 대로 굴러가지 않는 인생을 마라톤에 비유하는 이들이 많다. 마라톤 풀코스 42.195km를 완주하려면 체력과 시간을 적절하게 안배해야 한다. 페이스를 잘 조절해야 자기가 원하는 기록으로 완주할 수 있다. 초보 마라토너들은 많은 연습과 함께 페이스메이커와 동행해야 완주할 수 있다. 시간은 누구에게나 동등하게 주어진다. 주어진 시간을 누구와 함께 갈 것인가는 각자 선택의 몫이다. 인생의 동반자를 잘 만나야 행복한 삶을 살 수 있다. 지금 당신 곁에 있는 인생의 파트너는 누구인가? 한 번쯤은 자문해 보길 바란다. 나의 인생 동반자는 가족과 직장동료다.

첫째, 가장 소중한 동행자는 가족이다. 남편과 아내는 부창부수하며 잉꼬부부처럼 백년해로 하는 삶을 꿈꾸며 살아간다. 간간이 부부싸움도 하면서 말이다. 해외여행도 가고 외식도 하고 자식들 커가는 모습을 지켜보면서 많은 시간을 함께 보내며 살아간다. 이것이 소박한 우리네 인생이며 소확행이 아닐까 싶다. 인생에 뭔가 특별한 의미와 가치를 부여하는 것 자체가 자칫 진부하게 느껴질 때가 있다. 그냥 파트너로서 함께 오순도순 살아가면 그뿐이다. 삶은 유한하기에 '메멘토모리'를 항상 기억하면서 동행한다.

둘째, 적어도 하루 8시간씩 주 5일 40시간을 함께 보내는 직장동료와도 마음과 뜻을 맞추며 동행해야 한다. 가족 외에 가장 많은 시간을 보내는 일터에서 함께 보내는 시간은 중요하다. 선후배 동료와 임원 그리고 CEO가 각자 직위에 맞는 역할과 책임을 다하면서 톱니바퀴처럼 회사는 굴러간다. 관계 속에서 가

끔 불협화음도 있지만 공동의 꿈과 비전을 향해 한 방향으로 나아간다. 맥도날드 창업자 레이크 록은 직원을 부자로 만들어 주는 게 자신의 성공 비결이라고 말했다. 나도 보드판에 "직원을 부자로 만들어 주겠다"란 글씨를 지워지지 않는 펜으로 기록해 놨다. 항상 성공한 부자를 염원하면서 말이다.

인생은 도전과 선택의 연속이다. 행복과 불행은 마음먹기에 달려 있다. 행복하고 성공한 부자가 되기 위해서는 좋은 인생의 동반자를 만나고 만들어, 그들과 함께 현재를 충실하게 사는 지혜가 필요하다.

마지막으로 나와 에너지 주파수가 같은 꿈 꾸는 지성인과 동행해야 행복할 수 있다. 독서, 운동, 명상을 기본으로 하는 모든 부자와 쌍방 교류를 지속해야 그들로부터 배울 수 있다. 좋은 걸 나누면 배가 되듯 이들과 함께 선한 영향력을 행사해 나눔과 봉사의 씨앗이 사회 곳곳에 뿌리내릴 수 있는 환경과 분위기를 조성해야 한다. 남을 행복하게 해주는 것이 오히려 내게 더 큰 행복으로 다가온다는 사실을 알고 이들과 동행하며 행복을 나눠줘야 한다.

나는 철인(아이언맨)이다

　스포츠 동호인들이 인정하는 최고봉 철인3종 킹코스 완주자를 '철인' 또는 '아이언맨'이라 칭한다. 샐러리맨들은 최고의 의사결정권자로 억대연봉자인 CEO를 존경의 대상으로 우러러본다. 여기서 철인과 CEO의 공통점을 뽑아 성공에 대해 거시적으로 통찰해 보려고 한다.
　첫째, 프론티어, 챌린지로 불리는 도전정신을 꼽을 수 있다. 현대그룹 창업주 정주영 회장의 '시련은 있어도 실패는 없다'와 '임자 해보기는 했어!' 일화가 대표적이다. 삼동 겨울에 미8군의 부산 유엔군 묘지 단장 미션을 낙동강 보리를 잔디 대신 덮어 성공시킨 정 회장의 잔디 일화는 CEO 성공담으로 회자되고 있다. 또한 500원짜리 지폐 한 장으로 거제도에 조선소를 세운 일화와 폐선을 이용해 서해의 거센 물길을 막아 간척지를 만든 일화는 CEO 도전정신 본보기의 최고라 생각한다. 정주영 회장의 일화는 CEO 성공 스토리의 스토리텔링으로 이보다 좋을 수 있을까 할 정도로 안성맞춤이다.

철인3종 경기에는 레벨이 있다. 올림픽코스, 하프코스, 킹코스 3단계로 나뉜다. 통상적으로 동호인들은 단계별 준비 과정을 거치며 체력을 단련한 후 최종적으로 킹코스에 도전한다. 하지만 나는 2023년 버킷리스트로 6월 4일 군산새만금 챌린지 국제 철인3종 킹코스 대회에 출사표를 던져 완주했다. 수영 3.8km, 사이클 180.2km, 마라톤 42.195km를 17시간 내에 완주해야 철인 칭호를 얻을 수 있다. 무모한 도전, 배짱 아니 객기에 가깝다는 표현이 적당할 것 같다. 한계에 도전해 성공 마인드셋을 강화해 반드시 사업 성공을 실현해 내고야 말겠다는 성공 다짐의 일환이 출사의 변이라고 포장하고 싶다. 결국 나의 도전은 성공했다. 12시간 37분의 기록으로 골인 지점을 통과하며 철인 타이틀을 갖게 됐다. 평생 내 생애 가장 힘들었고 기억에 남을 추억거리를 만들어 지금 생각해도 가슴이 불타오른다. **도전해야 나 자신을 넘어설 수 있다. 성공 또한 마찬가지다. 도전하라. 무모한 도전이라 할지라도 말이다. 행동해야 실패든 성공이든 결판이 난다.**

둘째, 인내력과 끈기가 있어야 한다. CEO는 사업 실패를 해도 결코 포기하지 않는 인내력과 끈기를 갖춰야 하며, 철인은 고통을 견디는 지구력이 있어야 한다. 인내력과 끈기와 지구력은 성공의 두 번째 무기라 감히 평가하고 싶다. 이유인즉, 하루아침에 이뤄지는 게 아니라 꾸준한 준비를 거쳐야 한다. 지속가능성 확보가 성공의 관건인 셈이다. 물은 정확히 100도에서 끓는다. 임계점이 코앞인데 한 발을 못 내딛어 실패하는 경우는 비일비재하다. **내가 선을 긋는 순간 나의 한계가 결정되고 사업은 포기하는 순간 망하는 것이다. 참아야 한다. 준비해야 한다. 기회는 반드시 온다. 나는 '성공은 나의 사명이자 의무이며 책임'이라고 자기 확언을 통해 성공 마인드셋으로 하루를 무장한다.**

마지막으로 동행해야 한다. 성공한 CEO는 노블레스 오블리주 정신을 통해 사회 환원의 책임을 다해야 한다. 철인은 자기 자신과의 싸움에서 무조건 이긴다는 극기를 넘어 자아와 동행하는 마음으로 운동에 임해야 다치지 않고 건강을 유지할 수 있다. **성공의 마지막 관문은 과유불급이다. 중도의 진리를 깨달아야 한다. 과시, 과욕, 탐욕, 자만, 교만, 아집을 버리고 겸양의 미덕을 갖춰야 한다. CEO와 철인은 스스로 존경받을 가치를 증명해 보여야 한다. 그것이 미션이자 성공의 첩경이다.**

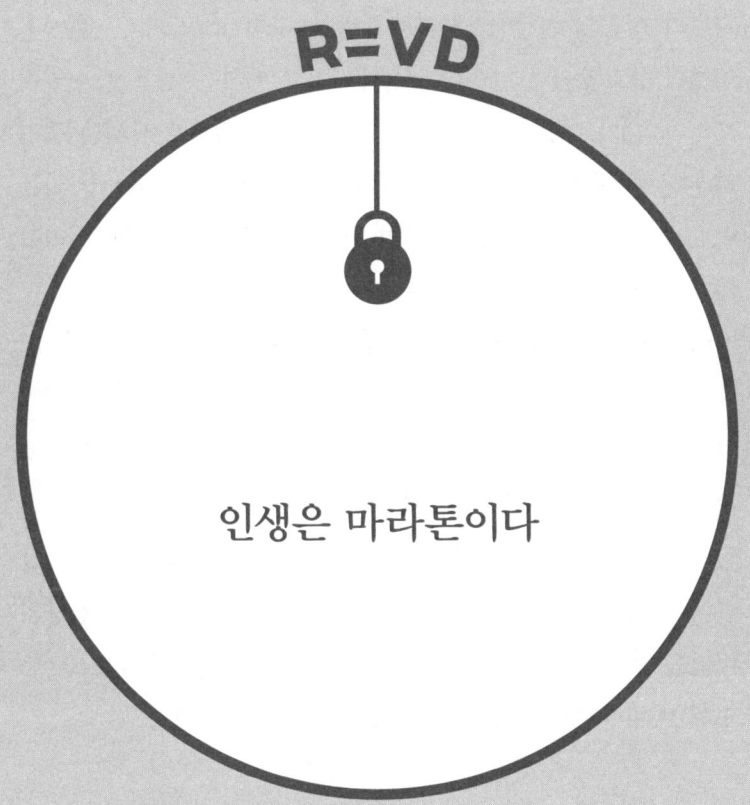

인생은 마라톤이다

　세월이 변함없이 흘러가듯 우리네 인생도 시간의 연속선상에서 희로애락을 겪으며 추억으로 새겨질 것이다. 인생이란 사람이 태어나서 죽기까지 한 편의 드라마를 찍는 것이고, 그 자체가 곧 마라톤이다.

　술을 끊고 운동 삼매경에 빠진 나는 많은 스포츠 활동 중에서 마라톤이 가장 기본적이며 어려운 운동이라고 새삼 뼈저리게 느끼고 있다. 왜냐하면, 처음에는 페이스를 조절해 완주를 자신하더라도 시간이 지나며 심박수가 요동칠수록 자신과 타협을 시작한다. "힘든데 멈출까~ 아니야 완주해야지~"하고 자아 충돌이 일어난다. 여기서 의지력이 강한 사람은 참고 끝까지 완주해 성취감을 맛보게 된다. 반대로 나약한 자아와 타협한 사람은 정반대의 결과가 이어진다.

포기. 멈추는 순간 패배자가 된다. 고로 난 계속 달린다. 심장이 터져나갈 때까지 달린다. 그것이 내 인생이고 성공 방정식이다. 칠전팔기, 오뚝이 정신으로 무장해서 도전에 성공해야 한다. 모든 사업이 순풍을 달고 순항을 이어가길 기대한다. 성공과 부를 강렬히 염원하면 내적인 변화가 일어나기 시작해서 외적인 행동으로 표출된다. CEO로서 정신 무장이 필요한 시점이다. 힘들 때일수록 자신을 다시 되돌아보는 계기로 삼아야 한다. 몸과 마음을 다 내려놓고 사업 초창기의 순수한 열정을 기억해 보길 바란다. 때 묻지 않은 순수함이 있어 세상을 있는 그대로 바라보는 유년 시절의 호기심과 시각으로 현재를 바라보면 좋겠다.

42.195km 마라톤 풀코스 완주를 위해서 5km, 10km 달리기로 연습량을 늘려 하프마라톤에 최소 서너 번 이상 도전이 필요하다. 그만큼 마라톤 완주는 자신과의 싸움이자 인간의 한계 상황을 넘어서야 하는 인생 레이스에 비견하고 싶다. 풀코스 완주의 성공이냐, 실패냐는 자신과의 싸움에서 타협 여부에 달려 있다고 본다. 타협하면 포기와 패배의 결과가 기다리고 멈추지 않고 완주하면 성공의 달콤한 열매가 기다리고 있을 것이다. 선택은 자신의 몫으로 남겨놓겠다. 인생 마라톤 완주해서 성공해야 하지 않겠는가?

나는 2022년 10월 춘천마라톤 대회 풀코스에 처음으로 참가해 완주했다. 첫 풀코스 완주라 너무 기뻤던 기억이 난다. 이후 기록에 욕심을 내 이듬해인 2023년 3월 동아마라톤 대회에서는 서브 4(4시간 미만의 기록)를 달성했고, 10월 춘천마라톤 대회에서는 3시간 31분 22초의 기록으로 3.30(3시간 30분 미만의 기록)에 실패했다. 1분 22초 차이로 아마추어 마라토너의 꿈인 3.30에 실패해 너무나 아쉬웠다. 겨우 내내 강훈련을 거듭한 결과 2024년 동아마라톤대회에서 보란 듯이 3시간 25분의 기록으로 완주해 3.30 마라토너가 됐다. 3.30 마라토너가 되려면 1km를 4분 50초 페이스로 달려야 가능한 만큼 어렵다. 뛰어보면 안다. 얼마나 어려운지를.

    버킷리스트인 3.30 마라토너를 실현해 너무 기쁘고 자존감이 많이 올라가 성공 마인드셋이 한층 강화된 느낌이다. 목표를 정하고 노력이라는 행동으로 옮기니 결과론적으로 목표가 실현됐다. **하면 된다. 단순한 논리다. 성공과 실패를 논하기에 앞서 목표를 정하고 그 방향으로 에너지를 모으면 성공할 수밖에 없다. 실패하더라도 다음에 또 도전하면 반드시 성공하게 돼 있다. 당신이 그것을 원했으니 실현되는 것은 당연한 이치다. 인생은 마라톤이다. 원하는 삶을 끌어당기면 실현될 것이다.**

바야흐로 성공의 잣대가 물질적인 부와 명예에서 마음의 행복으로 시프트되는 요즘 세대를 닮은 것 같아 흐뭇하다.

㈜씨앤씨미디어그룹의 비전(VISION)은 '세상을 시프트 하는 공명'으로 3음절 10개의 글자다. 시프트는 영문 단어 'Shift'로 '움직이는', 다시 말해 새로운 세상(NEW WORLD)으로의 이동을 의미한다. 공명은 국어사전을 살펴보면 양자 역학에서 입자끼리의 충돌로 생기는 에너지의 총량이 복합 입자의 에너지 준위와 일치하는 곳에서 단면적 에너지의 극대가 나타나거나 새로운 복합 입자가 생기는 현상을 말한다. 또는 진동하는 계의 진폭이 급격하게 늘어나는 현상으로 외부에서 주기적으로 가해지는 힘의 진동수가 진동하는 계 고유의 진동수에 가까워질 때 공명현상이 일어난다. 이해하기 쉽게 한자로 풀이하면 공명(共

鳴)은 맞울림으로 남의 생각이나 말에 동감 내지는 공감해 자기 자신도 그와 같이 따르려는 생각을 일으킨다는 뜻으로 멘티가 멘토를 따르는 것과 일맥상통한다. '새로운 세상으로 이동하는데 공명역할을 하겠다'라는 의미로 해석하면 좋겠다.

나는 비전을 실현하기 위해 7가지 미션(Mission)을 설정했다.

1. Particularity(독특함)- 생각과 사고가 남달라야 한다. 그래야만 NUMBER ONE(NO.1)이 아니라 ONLY ONE(ON.1)이 될 수 있다.

2. Passion(열정)- 화산의 분화구에서 분출하는 용암 같은 열정이 필요하다. 그래야만 니즈와 욕구를 실현할 수 있다.

3. Self Confidence(자신감)- '나는 나를 넘어섰다'라고 말할 정도의 자신감이 있어야 한다. 내면에 잠자는 무한한 잠재 능력을 일깨워야 한다.

4. Execution(실행)- 1톤의 생각보다 1그램의 실천이 중요하다. 말이 필요 없다, 행동이 먼저다.

5. Infinity(무한대)- 한계가 없이 넘쳐흘러야 한다. 시간과 공간을 초월해서 무한대로 성장해야 한다.

6. Sustainability(지속가능성)- 100년 이상 영속기업이 되도록 유지에 힘써야 한다. 로마는 영광을 누렸지만, 멸망했다는 사실을 명심해야 한다.

7. Responsibility(책임감)- 기업은 이익을 창출하는 집단이지만 CSR(Corporate Social Responsibility)을 실천해야 한다. 부를 공유해서 사회의 약자를 보호하고 선한 방향으로 이끌어 나가야 한다.

뜻이 있는 곳에 길이 있고 하늘은 스스로 돕는 자를 돕기에 두드리면 열리고 찾으면 구할 수 있는 법이다. 세상의 이치가 이러하고 만사가 다 복인데 근심 걱정이나 하면서 지금 이 순간의 행복을 놓쳐야 되겠는가? 마음먹기에 따라서 사고하는 대로 인생이 다르게 보이기 시작할 것이다. 내가 생각하고 판단하고 결정하고 행동하며 그 결과에 책임지는 것 또한 자신이다. 주도적인 삶을 살아가야 한다. 인생의 주인공은 자기 자신임을 명심하길 바란다.

달변가와 멘토

소통의 시대에 말 잘하는 사람이 일 잘하는 사람보다 성공할 확률이 높다. 귓가에 솔깃하게 들릴 것이다. 공감할 수 있는 말이기 때문이다. 세상이 변해서 성공의 방정식도 일 중심의 사무 능력에서 언변의 스피치 능력에 무게가 실리고 있는 세상이다.

카네기 연구소의 설립자이자 인간 경영과 자기계발 분야의 최고 권위자 데일 카네기는 그의 저서 《말하는 법 1%만 바꿔도 인생이 달라진다》에서 성공적인 말하기의 필수요건, 생각을 잘 전달하는 비결, 의미를 명확히 하는 법, 상대를 단번에 휘어잡는 방법을 전하고 있다. 하지만 대중 연설은 결코 만만치 않다.

포기하지 말라
숲에서 길을 잃고 어린아이처럼 두려워할 때

죽음이 눈앞에 닥쳤을 때
쉬운 일은 방아쇠를 당기는 것……죽는 것.
하지만 용기 있는 사람은 말한다. "최선을 다해 싸워라."
방종이란 있을 수 없다.
승리의 길은 끝까지 최선을 다하는 것뿐. 그러니, 친구여, 절대 움츠러들지 말라!
용기를 내라. 그만두는 건 쉬운 일. 어려운 일은 용기를 갖고 당당하게 버티는 것.
희망이 보이지 않더라도 싸우고 또 싸워라. 그것이 진짜 사는 것이다.
깨지고 얻어터지고 상처 입을지라도 다시 한번 붙어라.
죽는 건 쉬운 일. 어려운 것은 계속 살아가는 것.

그는 성공적인 연설의 필수요건으로 은총, 적극성, 끈기, 용기 네 가지를 제안하며 로버트 서비스가 지은 위 시를 투쟁가로 삼으라고 추천한다. 그만큼 언변 능력, 대중 연설은 어렵다는 반증이다. 하지만 불타오르는 열정을 갖고 용기와 끈기를 무기로 하루하루 연습에 매진하다 보면 어느 순간 자신도 모르게 청중의 마음을 사로잡는 명연설가가 되어 있을 것이다.

사고의 유연성과 폭을 넓혀 지성인이 돼야 한다. 무념무상(無念無想)이 도(道)의 극치(極致)라 할 수 있겠지만, 아무 생각 없

이 살아가기에는 인생이 너무 길다. '나의 나(진아, 眞我)로 살아갈 것인가, 남의 나로 살아갈 건가' 한 번쯤 생각해 보면 좋겠다.

무언가 열심히 하는 자는 즐기는 자를 이길 수 없고 즐기는 자는 일에 미쳐 사는 사람을 절대 이길 수 없다는 말이 있다. 이게 인생의 이치가 아닐까 생각한다. 행위(Doing)로서 이룬 결과론적인 삶과 존재(Being) 그 자체로 만족할 줄 아는 삶, 어떤 삶을 살아가겠는가? 선택은 각자의 몫으로 남겨둘 테니 한 번쯤 고민해 보길 바란다.

국가의 CEO인 대통령이 성공하려면 청와대 참모진, 정부 부처의 장관 등 주위에 훌륭한 조력자가 많아야 한다. 다시 말해 대통령의 정신적 지주 또는 러닝메이트가 될 탁월한 멘토가 대거 포진해 있어야 한다. 대통령 혼자서는 국가 전체를 운영할 수 없기 때문에 좋은 인재를 발굴해 적재적소에 배치해야 한다. 그만큼 용인술이 중요하다.

누구나 성공하려면 좋은 멘토를 만나야 한다. 미국 최초의 여성 대통령을 꿈꿨던 힐러리는 두 명의 여자 멘토가 있었다. 미시시피 주 최초의 흑인 여성 변호사 '매리언 라이트 에델만'과 케네디 대통령의 영부인 '재클린 케네디 오나시스'이다. 힐러리는 에델만의 멘티로서 그녀의 영향을 받아 아칸소 주 최초의 여성 변호사로 활동했고 여성유권자연맹에서 주 연설자로 연설했는가 하면 아동보호기금을 위해 일했고, 무료법률구조봉사단의

위원장이었다. 재클린은 독서광으로 힐러리에게 깊이를 알 수 없는 지성미를 갖추도록 동기부여를 했으며 힐러리가 남의 말에 흔들리지 않는 자신감을 가진 당당한 여자가 되도록 멘토링 했고 그 결과 미국 역사상 가장 강력한 퍼스트레이디가 될 수 있었다.

우리 모두에게는 멘토가 있다. 당신의 의사결정에 조금이라도 영향력을 미치는 사람이라면 모두가 멘토다. 좋은 멘토는 당신을 무한 신뢰하며 현재보다 당신의 미래 발전 가능성을 보고 실제로 당신을 그렇게 대한다. 반면에 나쁜 멘토는 당신을 신뢰하지 않으며 과거와 현재로 당신의 가치를 평가하며 당신을 자신보다 열등한 존재로 보고 실제로 또 그렇게 대한다. 따라서 당신이 성공하려면 좋은 멘토를 만나야 한다. 당신의 정신적인 지주가 될 좋은 멘토를 많이 만나 성공한 CEO가 되길 기대해 본다.

싸이의 '좋은 날이 올 거야'란 가사에 인생의 진리가 담겨있다고 믿고 있다. 가슴에 새겨두면 도움이 될 것이다.

"결국 즐기는 놈이 이긴다, 반드시, 노력하는 놈은 즐기는 놈 절대 못 이겨, 즐기는 놈은 미친놈을 절대 못 이겨, 사실 반칙과 오심도 게임의 일부, 미친 세상 혼자 멀쩡하면 못 버텨, 나이 먹으면 먹을수록 해야 하는 건 조심, 세상을 알면 알수록 멀어져

가는 건 초심, 욕심은 한도 끝도 없지, 육신은 세월 앞에 장사 없지, 어떻게 사는 게 잘사는 건지, 행복하고 싶은데 그게 뭔지, 좋은 날이 올 거야, 인생 우는 만큼 웃는 거야~"

'넘버원'이 아니라 '온리원'이 되어야 한다. 사람은 누구나 자기 분야에서 최고가 되길 원한다. 국가대표 선수의 목표는 금메달을 따는 것이고, 사업가는 돈을 많이 버는 거다. 고등학생은 좋은 대학에 들어가는 거고, 대학생은 직장인이 되는 거다. 그다음은 어떨까? 사람은 모두가 자신만의 성공을 간절히 원한다. 성공에도 기준이 있다. 누구나 할 수 있는 1등이 아니라 오직 나만이 할 수 있는 1등이 돼야 성공의 달콤한 열매를 맛볼 수 있을 것이다.

불확실한 미래에 대한 성공키워드는 '넘버원'(NUMBER ONE)이 아니라 '온리원'(ONLY ONE)이 돼야 한다. 기업의 최고 의사결정권자인 CEO의 최대 희망 사항이 100년 이상 지속 가능한 기업을 만드는 일인 것처럼 말이다. 저성장 시대에 일자리

악화로 인한 고용불안과 양극화 심화 그리고 고령화가 경제의 복병으로 악영향을 끼치고 있다. 우리는 일본의 버블 붕괴로 잃어버린 20년을 되풀이해선 안 될 것이다. 소 잃고 외양간 고치지 말고 반면교사로 삼아야 한다.

과거에 연연해하지 말고 남의 평가에 신경 쓰지 않고 스스로 한계를 지우지 않을 때 비로소 '온리원'이 되어 모두가 원하는 성공에 이를 것이라 확신한다.

누구나 어디론가 떠나고 싶을 때가 있다. 일과 삶의 밸런스를 위해 휴식은 꼭 필요하다. 갑자기 개미와 베짱이 이솝우화가 생각난다. 이 우화는 미래를 위해 계획하고 일하는 가치에 대해 양면적인 관념을 가진 개미와 베짱이를 통해 도덕적 교훈을 우리에게 안겨준다.

4차 산업혁명 시대 일자리와 노동시장에 많은 변화가 예상된다. 인공지능 로봇이 일자리를 대체해 나가면서 일자리가 감소하고 있다. 하지만 반대로 인공지능과 빅데이터 분야에서 새로운 일자리가 많이 창출되고 있는 것 또한 사실이다. 인간과 로봇의 협업이 필요한 시대가 도래한 것이다.

그렇다면 삶의 가치는 어떻게 정의하면 될까? 개미처럼 따뜻한 겨울을 보내기 위해 무더운 날씨에도 불구하고 쉬지 않고 무식하게 열심히 일만 하는 게 나을지 아니면 베짱이처럼 '노세 놀아~ 젊어서 놀아~ 늙어지면 못 노나니~' 하며 풍악을 울리며 현재 유유자적 안주하는 삶을 사는 것이 옳을까? 일할 땐 열심히 일하고 놀 땐 재미있게 노는 게 정답이다. 요즘 신세대 말로 가성비 좋은 인생을 살아야 덜 후회할 것 같다.

베짱이처럼 속세에 속박됨이 없이 자기가 하고 싶은 대로 마음 편히 살면 얼마나 행복하겠는가? 시대가 바뀌고 행복의 기준과 삶의 가치가 애매모호한 요지경 세상, 베짱이에게서 'YOLO(욜로)' 삶의 지혜를 배워보는 것도 나쁘진 않을 것 같다.

사업을 하다 보면 항상 기회만 있는 게 아니라 동전의 양면처럼 도사리고 있는 리스크를 만난다. 냉정한 세계다. 비수기가 있는가 하면 성수기도 있다. 이런 맥락에서 CEO는 누구나 지속 가능한 경영을 꿈꾸고 있다. 최태원 SK그룹 회장은 사회적 가치기업을 주창하며 100년 기업의 토대를 닦고 있는 미래 경영 CEO로 평가받고 있다. 이윤추구라는 기업의 존재 이유에서 사회공헌이라는 가치를 부여하며 기업과 사회가 공존공영하는 참세상을 바란다.

훌륭한 CEO는 항상 의식이 깨어 있고 준비되어 있어야 한다. 프로선수들 또한 자기 몸 관리에 타고난 사람들이다. 성공한 CEO와 실패한 CEO 그리고 프로와 아마추어 선수의 차이는 직면한 위기와 슬럼프에 대처하는 자세에 따라 달라진다. 위기에 강한 CEO는 오뚝이처럼 칠전팔기의 자세로 위기를 기회로 만들어 성공한다. 프로선수는 슬럼프가 왔을 때 포기하지 않고 오히려 친구처럼 받아들여 극복함으로써 최고의 선수로 거듭나게 된다.

당신은 어느 편에 서겠는가? 힘든 위기가 닥쳤을 때 포기하지 않고 반드시 성공할 거라는 강한 신념을 갖고 때를 기다리면 성공이 어서 오라고 손짓할 것이다. 성공의 그날을 위해 지금 이 순간의 위기를 참고 인내하는 CEO가 되길 바란다.

CEO는 선택받은 사람으로서 기업을 잘 운영해 국가 경제 발전에의 기여는 물론 직원들의 생계를 책임지는 막중한 미션을 갖고 있다. 또한 CEO는 최고 지속 경영 담당자인 CSO(Chief Sustainability Officer)가 돼야 한다. 삼성전자가 인텔을 제치고 반도체 세계 1위에 올라섰듯이 최고만이 지속가능경영을 보장받을 수 있는 초격차 시대다. 초격차 시대 '워라밸(Work & Life Balance) 경영'이 혜안이다. 일과 삶의 균형이 당신을 행복한 인생으로 초대할 것이다. 워라밸은 선택이 아니라 기업 생존을 위한 필수요소로 받아들여야 한다.

《스마트 워라밸》의 저자 가재산 피플스그룹 대표는 "CEO는 스마트 워라밸 경영을 완성하기 위해 '성과경영', '자율책임경영', '시스템경영', '신뢰경영', '행복경영', '감성경영', '협업경영', '창조경영'을 해야 한다"고 강조한다. 또한 진화하는 스마트워킹 시대에 직원들을 '나 주식회사 CEO'로 육성해 직장을 단순한 일터가 아니라 '꿈터', '놀이터', '행복터'로 만들라고 말한다. 직원들은 '회사가 나를 고용한 것이 아니라 나의 고객인 회사가 '나'주 식회사의 서비스를 구매한다'라는 사고 전환을 해야 한다고 충고한다.

기업의 존재 이유가 이윤 창출이며 정글의 법칙이 적용되는 비즈니스 환경에서 지속가능경영이 답이라고 확신한다. 누구나 인생에서 고비는 한 번쯤 겪게 마련이다. 시련은 성공의 길로 향하는 또 다른 신호탄이다. 포기하지 않고 그 시련을 극복해 내는 자에게만 성공이라는 특권이 주어진다. 실패자가 될 것이냐, 승자가 될 것이냐는 본인 의지에 달려 있는 법이다.

승자는 패배 속에서도 항상 성공을 꿈꾸기에 시련이 오히려 기회로 보이기 때문이다. 모름지기 100년 기업을 꿈꾸는 CEO는 사고 자체가 성공 코드에 연결되어 있어 최소 10년 앞을 내다보는 혜안이 있다고 본다. 불확실한 미래 경영 상황 속에서 조급해 하지 말고 때를 기다리며 마음의 도를 닦으면서 큰 뜻을 품어야 비로소 큰 성공이 손짓하며 기다릴 것이다.

힘들 때일수록 마음의 여유를 가지고 한 번쯤 쉬어갔으면 좋겠다. 독서와 사색을 통해 자아를 다시 되돌아보고 가치관을 재정립하면서 밝은 미래를 준비하길 바란다. 한 번뿐인 인생 폼생폼사로 살아봐야 하지 않겠는가? 본인은 수영, 암벽, 라이딩, 마라톤, 등산, 골프 등 아웃도어 라이프를 즐기며 하루하루 충만한 삶을 살고 있다. 다양한 스포츠 활동을 통해 심신을 단련하면서 활력 넘치는 삶을 즐기고 있기 때문이다.

　독서와 운동 그리고 명상이 행복의 필요충분조건이라고 믿고 있는 장본인이다. 모든 운동이 그러하듯이 가장 힘든 코스나 어려운 구간이 찾아오는데 이런 위기의 순간을 넘기면 희열이 찾아온다. 포기하는 자에게는 허락하지 않는 승자에게만 주어지는 영광의 보물로 한 단계 성숙한 자아의 모습을 발견하는 순간이기도 하다. 너무 철학적이며 진부하다고 생각할지 모르겠지만 삶을 바라보는 시각에 따라 인생이 행복할 수도 불행할 수도 있다. 혜민 스님의 명저 《멈추면, 비로소 보이는 것들》을 보면 답이 보일 것이다. 범사에 감사하고 가진 것에 고마워하며 현재를 충실히 사는 지혜가 항상 필요하다.

수처작주 입처개진(隨處作主 立處皆眞)

    누구나 인생에서 주인공이 되길 원한다. 이것이 세상의 이치다. 조연도 중요한 역할을 하지만 주연으로 사는 삶이야말로 참되지 않을까 생각한다. 가정에 가훈이 하나쯤은 있을 것이다. 우리 집의 가훈은 수처작주 입처개진(隨處作主 立處皆眞)이다. 다소 어려운 고사성어이지만 귀에 솔깃하니 한 번쯤 들어본 기억이 날 것이다. 중국 당나라 임제 선사의 법어이다. '내가 현재 처해있는 곳에서 주인이 되면 내가 서 있는 모든 곳이 진실될 것이다'라는 뜻이다. 어떻게 인생을 살아가야 할지 답이 고스란히 담겨있다.
    자기 삶에 있어서 주인공이 돼야 한다. 인생을 살아가는 이유는 다르겠지만 어떤 삶을 살아가야 할지 한 번쯤 고민해 봤으면 좋겠다. 모든 걸 스스로 선택하고 그에 대한 책임은 본인이 져

야 한다. 남이 대신해서 내 인생을 살아줄 수는 없다. 따라서 주도적이고 능동적인 삶을 영위해 나가야 한다. 그래야 후회 없는 삶을 살았노라고 시늉이라도 할 수 있다. 학생이라면 단순히 원하는 대학 진학을 위해 공부할 게 아니라 왜 공부하는지 그 이유에 대해 먼저 자문해 봐야 한다. 직장인은 상사가 시키는 일만 단순 처리하는 수동적이며 생계 유지 수단 자세로 업무에 임할 것이 아니라 꿈과 비전을 실현한다는 마음가짐으로 일해야 행복해 진다. 매사 수동적이며 가슴이 비어있는 허수아비 같은 삶은 지양해야 한다.

똑같은 상황과 조건 속에서도 삶을 바라보는 시각에 따라 인생의 의미가 달라진다. 내가 현재 처한 곳에 주인이 되면 그곳은 천국처럼 행복한 삶이 펼쳐진다. 삶이 나를 배신하고 속일지 몰라도 내 삶은 내가 결정하는 대로 살아가야 하지 않겠는가. 언제까지 일이 잘 풀리면 모두 내 공이고 반대로 꼬이기 시작하면 남 탓이라고 하면서 거짓된 삶을 살아가야 하겠는가. 임제 선사의 말처럼 어떠한 상황에 처해 있어도 내가 그 자리에서 주인공이 되어 주도적이고 능동적인 삶을 살아가야 한다. 그래서 하루하루 충만하고 행복하며 후회 없는 참된 삶이 오롯이 내 가슴속에 머물도록 해야 한다. 인생의 주인공은 바로 당신이다.

초개인화 시대, 나노 사회가 트렌드 키워드로 주목받고 있다. 마이크로 문화로 대변되는 일본문화가 한국 사회에 도래하고 있는 방증이다. 이로써 개인의 이기심이 사회 곳곳에 만연해질 것이 자명하다. 개인주의는 아니어서 다행이겠지만(?) 그만큼 대인관계가 더욱더 중요하게 대두될 것이다. 비즈니스의 성공키워드가 바로 사람과의 관계 설정이다. 내가 너를 알고 당신이 나를 아는 우리의 돈독한 관계가 중요해진다는 말이다. 그래서 좋은 관계 설정에 빼놓을 수 없는 우선순위인 포용력이 뒷받침돼야 한다.

여기서 포용력은 상대방의 말과 행동을 무조건 참고 받아주는 것이 아니라 공유, 공감의 마음을 담아 진심으로 이해하고 노력해서 내 안에 받아들이는 힘이다. 경청을 기본으로 해야 하며 관용심도 갖춰야 하기 때문에 체화하기가 어려워 리더가 갖춰야 할 덕목 일 순위에 거론된다. 포용력은 말 그대로 아량을 가지고 상대방을 너그럽게 품어주는 힘이다. 아이가 엄마의 품속에 안기는 포옹을 그리워하듯 여자는 남자의 포옹을 대체적으로 좋아할 것이다. 나아가 가장이 가족을 포옹하듯이 CEO는 직원들을 가족처럼 포용력을 넘어 포옹력으로 감싸 안아야 대성할 수 있다.

성공하는 리더, 부유한 CEO가 되기 위해서 포용력을 포옹하는 CEO가 돼야 한다. A형, B형, AB형, O형 등 혈액형별 다양한 성격의 다른 캐릭터별 개성을 가진 개인을 통합하기가 어렵기 때문이다. 비즈니스 세계에서 '영원한 동지도 적도 없다'라는 불문율이 있다. 이익을 따라 이합집산하는 사례가 빈번하기 때문이다. 우호적 M&A가 있는가 하면 적대적 M&A가 난무한 냉정한 정글의 법칙이 지배하는 비즈니스 세계지만 포용력을 갖춘 CEO는 생존할 것이라 자부한다.

항상 준비된 CEO로 불타는 열정의 소유자인 나는 대기만성형 CEO가 되기 위해 특히 마음의 수양을 넓혀 그릇을 크게 만드는 데 심혈을 기울이고 있다. 하지만 큰 그릇을 포용할 포용력을 키우기가 어렵기만 하다. 같은 성격이나 비슷한 성품을 가진 무리끼리 모이고 사귀는 유유상종은 당연하다. 하지만 겉으로는 같이 행동하면서 속으로는 서로 다른 생각을 하는 동상이몽의 관계가 문제가 된다. CEO가 원대한 포부를 갖고 비전과 꿈을 주창하며 '나를 따르라~'고 목 놓아 외치지만 직원들은 '파이팅~' 하며 건성으로 동참하는 현실이 왠지 모르게 공감할 것이다. 하지만 이러한 현실의 벽을 포용력으로 포용하는 CEO가 되자. 그래야 성공할 수 있다.

'Beyond Yourself, Prove Yourself, Create Yourself!' 당신 자신을 넘어서 유형의 결과물로 당신 자신을 증명하고 새로운 세상을 열어가는 당신 자신을 창조해 나가길 기대한다. 포용력으로 성공을 포용하는 큰 그릇을 가진 CEO가 돼라.

에필로그

　한강의 노벨문학상 수상 소식에 대한민국 지성인들은 광분했다. 나 또한 감동의 물결로 가슴이 요동쳤다. 마치 내가 수상자가 된 듯 한 기분이 충만해서 행복했다. 순간 나는 한강의 기적이 떠올랐다. 기적 같은 일을 실현해 준 한강 작가님. 정말 대단하고 고맙고 감사합니다.

'THE CEO(부자의 비밀노트)'를 막 탈고한 상태에서 이런 소식을 들으니 나의 기쁨이 두 배로 다가왔다. 나는 20여년간 CEO전문기자로 활동했다. 2017년부터 《CEONEWS》의 CEO이자 대표기자로 활동하며 겪었던 인사이트를 100편의 칼럼에 녹여냈다. 원석에 가까운 이 칼럼을 씨줄과 날줄로 엮어 한편의 책으로 완성했다. 이 작업 또한 한강의 기적이라고 나는 치부하고 싶다.

'THE CEO'는 나의 버킷리스트에서 '책쓰기'를 지우며 나에게 작가의 타이틀을 안겨줬다. 이 작가라고 이름만 불러줘도 기분이 좋아진다. 이 책은 성공과 부를 키워드로 다룬 CEO전문기자의 조언으로 성공학 지침서로 보면 된다. 무수히 많은 자기계발서가 있겠지만 CEO전문기자가 CEO가 되어 행복하고 성공한 부자가 되기 위한 비법과 노하우를 솔직하게 풀어낸 게 차별화된 점이다.

나는 CEO이며 철인이다. 지금도 나는 억만장자가 되기 위해 나의 모든 에너지를 부에 집중하고 있다. 내무의식을 프로그램화해 잠재의식 속에 부의 실현을 각인하는 나만의 방식이다. 내 생각이 뇌에 전달돼 무의식적으로 부와 연관된 행동을 하게끔 유도하는 뇌과학적인 방법이다. 나의 모든 생각과 에너지 그리고 행동은 부로 통하고 있다. 여기에 성공 마인드셋을 장착하기 위해 독서와 운동을 쌍두마차로 사업에 올인하고 있다. **이 책 'THE CEO' 는 부자를 전제로 다룬다. 성공해서가 아니라 성공하기 위해 쓴 나의 첫 마스터피스로 자서전적 자기계발서이다.**

부자가 되려면 우선 자기사업을 하는 CEO가 돼야 한다. 1인 창조기업 유튜버가 넘쳐난다. 컨텐츠가 좋아 인플루언서가 되면 부자가 될 확률이 구독자수 만큼 높아진다. 이에 반해 샐러리맨들은 기업의 울타리 속에 안정된 생활을 보장받으며 살지만 부자가 되긴 사실상 힘들다. 아울러 시간과 공간에 따른 제약도 많아 한계상황에 놓이게 된다. 평생직업의 개념이 사라져 예전처럼 회사가 샐러리맨의 삶을 평생토록 보장해 주지 못한다. 한 살이라도 젊었을 때 내 사업을 시작해야 한다. 이 책은 성공을 꿈꾸는 3050 샐러리맨들의 동기부여 지침서가 되길 바란다.

끝으로 이 책의 윤문작업을 맡아준 조성일 작가님께 감사하다는 말씀을 전하고 싶다. 조 작가님 진심으로 고맙고 감사합니다. 또한 이 책이 세상에 예쁜 옷을 입고 나올 수 있도록 디자인과 편집작업을 깔끔히 마무리한 여현미 실장님께도 고마움을 전합니다. 그리고 언제나 나를 응원해주는 사랑하는 가족과 나를 아는 모든 지인분들에게도 진정어린 감사의 인사를 보냅니다.